Wilmer Nino Alcocer Huaranga

ABC DEL DERECHO:

VOLUMEN V

ABC DEL DERECHO
PROCESAL PENAL

INTRODUCCIÓN

El "abc" del derecho es una manera de describir los conceptos básicos y fundamentales que componen el sistema jurídico. Este es el propósito de esta colección, estudiar los temas generales que comprende esta importante disciplina.

El Volumen V versa sobre el "ABC del Derecho Procesal Penal", el cual se refiere a los conceptos fundamentales y básicos que constituyen el sistema legal y procedimientos relacionados con el ámbito penal. Esto incluye los principios, procedimientos, instituciones y normativas que regulan la actuación de los órganos jurisdiccionales, los sujetos procesales y los derechos fundamentales en el ámbito de la investigación y juzgamiento de los delitos.

El derecho procesal penal se encarga de regular la manera en que el Estado investiga, juzga y sanciona los delitos, así como de proteger los derechos fundamentales de las personas involucradas en un proceso penal, tanto del acusado como de la víctima. Por lo tanto, el ABC del derecho procesal penal abarca una amplia gama de temas, incluyendo:

- Principios Fundamentales: Estos principios son la base sobre la cual se construye todo el sistema procesal penal. Incluyen la presunción de inocencia, el principio de legalidad, la igualdad procesal, el derecho a un juicio justo, entre otros.

- Etapas del Proceso Penal: El proceso penal se divide típicamente en varias etapas, desde la investigación inicial hasta la sentencia final. Estas etapas pueden incluir la fase de investigación preliminar, la etapa intermedia, el juicio oral y público, y la fase de ejecución de la sentencia.

- Derechos del Imputado: El acusado en un proceso penal tiene una serie de derechos que deben ser respetados en todas las etapas del proceso. Estos derechos incluyen el derecho a la defensa, el derecho a un abogado, el derecho a guardar silencio, entre otros.

- Medios de Prueba: El proceso penal requiere la presentación de pruebas para establecer la culpabilidad o inocencia del acusado. Estas pruebas pueden incluir testimonios de testigos, pruebas documentales, peritajes técnicos, entre otros.

- Medidas Cautelares: Durante el proceso penal, pueden adoptarse medidas cautelares para asegurar la comparecencia del acusado al juicio y evitar la comisión de nuevos delitos. Estas medidas pueden incluir la prisión preventiva, la fianza, la prohibición de salir del país, entre otras.

- Recursos y Remedios: El sistema procesal penal también prevé la posibilidad de que las partes afectadas por una decisión judicial puedan interponer recursos o solicitar remedios legales para impugnar dicha decisión.

Estos son solo algunos de los conceptos básicos que conforman el ABC del derecho procesal penal, pero hay muchos más elementos y principios que son fundamentales para entender este campo del derecho.

Se tiene pensado apartarse de las diferencias normativas de cada país y brindar un estudio genérico que pueda servir para todo aquel que quiera incursionar en este arte o que simplemente desea aprender conceptos jurídicos.

Siguiendo esta línea trazada, procedemos a describir los capítulos del presente libro:

- Capítulo 1 – La Causa y Razón de Ser del Proceso Penal.

- Capítulo 2 – Sistema de Control Penal.

- Capítulo 3 – Sistema Procesal Penal.

- Capítulo 4 – El Proceso Penal.

- Capítulo 5 – La Ley Procesal Penal.

- Capítulo 6 – Jurisdicción y Competencia.

- Capítulo 7 – La Relación Jurídica Procesal Penal.

- Capítulo 8 – La Acción Penal.

- Capítulo 9 – Principio de Oportunidad.

- Capítulo 10 – Desarrollo de un Proceso Penal.

- Capítulo 11 – La Prueba Penal.

- Capítulo 12 – Las Medidas Coercitivas en el Proceso Penal.

- Capítulo 13 – Los Medios Impugnatorios.

Para el fin propuesto este libro se redactó con el fin de alcanzar facilidad en la comprensión de las ideas expuestas, para ello nos centramos en afirmaciones concretas y claras. Le invitamos a leer el contenido completo del presente libro y agradecemos su preferencia.

EL AUTOR

ÍNDICE

CAPÍTULO I

LA CAUSA Y RAZÓN DE SER DEL PROCESO PENAL

1.1. La causa del proceso penal: el delito.

La causa del proceso penal es el hecho o conjunto de hechos que constituyen un presunto delito y que dan origen a la actuación del sistema de justicia penal. En otras palabras, la causa del proceso penal es la conducta que ha sido tipificada como delito por la ley y que motiva la intervención de las autoridades judiciales para investigar, juzgar y sancionar dicha conducta, en caso de que se compruebe su existencia.

Por lo tanto, la causa del proceso penal está estrechamente relacionada con el concepto de delito. Un delito es una conducta que, según la ley, es considerada como contraria al ordenamiento jurídico y que está sujeta a una pena o medida de seguridad. Esta conducta puede consistir en acciones (actos positivos) u omisiones (falta de acción) que vulneran un bien jurídico protegido por la ley.

Cuando se presume la comisión de un delito, se inicia una investigación para determinar si los hechos denunciados constituyen efectivamente un delito y, en caso afirmativo, quién o quiénes son los responsables. Esta etapa de investigación es crucial para establecer la existencia de la causa del proceso penal, es decir, el fundamento fáctico sobre el cual se sustenta la acción penal.

En resumen, la causa del proceso penal es la conducta que se presume como delito y que da inicio a la actuación del sistema de justicia penal para investigar y, en su caso, juzgar y sancionar a los responsables. Es el hecho o conjunto de hechos que motiva la intervención del sistema judicial en la protección del orden jurídico y la salvaguarda de los derechos de las personas.

1.2. La razón del proceso penal: búsqueda de la justicia penal.

La razón del proceso penal, en términos generales, es la búsqueda de la justicia y el mantenimiento del orden social a través de la aplicación del derecho penal. Sin embargo, la razón específica puede variar dependiendo de la perspectiva jurídica, filosófica y social desde la cual se aborde el tema.

Desde una perspectiva jurídica, la razón del proceso penal puede ser entendida como la protección de los derechos fundamentales de las personas y la preservación del ordenamiento jurídico. Esto implica garantizar el debido proceso, la igualdad ante la ley, la presunción de inocencia y otros principios que son fundamentales para un sistema de justicia penal justo y equitativo.

Desde una perspectiva filosófica, la razón del proceso penal puede estar relacionada con la idea de retribución, prevención general y prevención especial. La retribución se refiere al principio de que el infractor debe recibir una sanción proporcional a la gravedad de su conducta, como una forma de restaurar el equilibrio moral y social. La prevención general busca disuadir a otros potenciales infractores mediante la imposición de penas ejemplares, mientras que la prevención especial se centra en la rehabilitación y reinserción del infractor en la sociedad.

Desde una perspectiva social, la razón del proceso penal puede ser vista como la protección de la sociedad contra conductas que amenazan su seguridad y bienestar. El proceso penal sirve como un mecanismo para identificar, procesar y sancionar a aquellos individuos que han transgredido las normas sociales establecidas, con el fin de mantener la cohesión social y prevenir la impunidad.

En resumen, la razón del proceso penal puede entenderse como la búsqueda de la justicia, la protección de los derechos individuales, la prevención del delito y la preservación del orden social. Es un componente esencial de cualquier sistema de justicia penal y refleja los valores y principios fundamentales de una sociedad democrática y respetuosa del Estado de derecho.

1.3. ¿El proceso penal en la búsqueda de la legitimación de la propia reacción penal?

La idea de que el proceso penal busca legitimar su propia reacción penal es un concepto interesante que puede ser abordado desde varias perspectivas. En términos generales, la legitimación de la reacción penal se refiere a la justificación moral, ética y legal de la imposición de sanciones penales a quienes han cometido delitos. Esta legitimación se busca a través del proceso penal, que actúa como un mecanismo para garantizar que la aplicación del derecho penal sea justa, equitativa y conforme a los principios fundamentales de un Estado de derecho.

Desde esta perspectiva, se puede argumentar que el proceso penal busca legitimar la reacción penal de varias maneras:

1. **Garantizando el debido proceso:** El proceso penal garantiza que los acusados reciban un juicio justo y equitativo, en el cual se respeten sus derechos fundamentales, como el derecho a la defensa, la presunción de inocencia, el derecho a un juicio imparcial, entre otros. Esto contribuye a legitimar la reacción penal al asegurar que

las decisiones judiciales se basen en pruebas válidas y en el respeto a los derechos humanos.

2. **Fomentando la transparencia y la rendición de cuentas:** El proceso penal promueve la transparencia y la rendición de cuentas en la administración de justicia penal. Las audiencias públicas, la motivación de las decisiones judiciales y la participación de las partes en el proceso contribuyen a legitimar la reacción penal al permitir que la sociedad observe y evalúe la actuación de las autoridades judiciales.

3. **Respetando los principios de proporcionalidad y legalidad:** El proceso penal garantiza que las sanciones penales sean proporcionales a la gravedad del delito y estén establecidas por ley. Esto contribuye a legitimar la reacción penal al asegurar que las penas impuestas sean justas y estén fundamentadas en principios legales reconocidos

4. **Promoviendo la participación de las víctimas y la reparación del daño:** El proceso penal busca legitimar la reacción penal al promover la participación activa de las víctimas en el proceso y al reconocer su derecho a la reparación del daño causado por el delito. Esto contribuye a legitimar la reacción penal al reconocer y satisfacer las necesidades de las víctimas de manera justa y equitativa.

En resumen, el proceso penal puede ser visto como un mecanismo que busca legitimar la reacción penal al garantizar el debido proceso, promover la transparencia y la rendición de cuentas, respetar los principios de proporcionalidad y legalidad, y promover la participación de las víctimas y la reparación del daño. Estas características contribuyen a asegurar que la aplicación del derecho penal sea justa, equitativa y conforme a los principios fundamentales de un Estado de derecho.

1.4. Justificación del proceso penal en el Estado de Derecho.

La justificación del proceso penal en el Estado de Derecho es esencial para comprender su papel y su legitimidad en la sociedad. El Estado de Derecho se basa en el principio de que todas las personas, incluidos los gobernantes y los gobernados, están sujetas a la ley. Dentro de este marco, el proceso penal desempeña un papel crucial al garantizar que la aplicación del derecho penal se realice de manera justa, equitativa y conforme a los principios fundamentales del Estado de Derecho.

El proceso penal se justifica en primer lugar por su función de proteger los derechos individuales de las personas involucradas en el proceso, tanto del acusado como de la víctima. Esto se logra a través del respeto al debido proceso, que incluye el derecho a un juicio justo, el derecho a la presunción de inocencia, el derecho a la defensa, entre otros. Estos derechos fundamentales son piedras angulares del Estado de Derecho y garantizan que todas las personas sean tratadas con dignidad y justicia ante la ley.

Además, el proceso penal se justifica por su papel en la garantía de la igualdad ante la ley. En un Estado de Derecho, todas las personas deben ser tratadas por igual ante la ley, sin importar su origen étnico, género, orientación sexual, posición social o cualquier otra condición. El proceso penal busca evitar cualquier forma de discriminación y garantizar que todas las personas tengan acceso equitativo a la justicia. Esto contribuye a fortalecer la cohesión social y la confianza en el sistema judicial.

Otra justificación del proceso penal en el Estado de Derecho radica en su función de preservar la legitimidad y la confianza en el sistema de justicia penal. Un sistema de justicia penal que opera de manera transparente, imparcial y conforme a los principios democráticos genera confianza en la sociedad y promueve el respeto por la ley. Esto es crucial para mantener la estabilidad y el orden social, así como para prevenir la impunidad y garantizar la rendición de cuentas de las autoridades.

En resumen, la justificación del proceso penal en el Estado de Derecho radica en su capacidad para proteger los derechos individuales, garantizar la igualdad ante la ley y preservar la legitimidad y la confianza en el sistema de justicia penal. Como componente fundamental del Estado de Derecho, el proceso penal juega un papel crucial en la protección de los derechos humanos, la promoción de la justicia y el fortalecimiento de la democracia.

1.5.   Objetivos del proceso penal.

Los objetivos del proceso penal son múltiples y abarcan tanto aspectos de prevención y disuasión del delito como de protección de los derechos individuales y sociales. Aquí hay un desarrollo amplio de los principales objetivos del proceso penal:

a.   **Prevención del Delito:**

Uno de los principales objetivos del proceso penal es la prevención del delito. A través de la investigación, enjuiciamiento y sanción de los delincuentes, se busca disuadir a otros potenciales infractores de cometer delitos similares. La certeza de que las conductas delictivas serán investigadas y castigadas puede actuar como un elemento disuasorio para aquellos que estén considerando cometer un delito.

b.   **Reparación del Daño:**

Otro objetivo del proceso penal es la reparación del daño causado a las víctimas del delito. Esto puede incluir el resarcimiento económico por los daños materiales y morales sufridos, así como la restauración de la dignidad y el bienestar de las víctimas. El proceso penal busca compensar a las víctimas por los perjuicios sufridos y restaurar la justicia en la medida de lo posible.

c. **Protección de la Sociedad:**

El proceso penal tiene como objetivo proteger a la sociedad de individuos que representen un peligro para su seguridad y bienestar. A través de la imposición de sanciones penales, como la prisión o la supervisión comunitaria, se busca apartar a los delincuentes de la sociedad y prevenir la comisión de nuevos delitos. Esto es especialmente importante en casos de delitos graves o reincidentes.

d. **Garantía del Debido Proceso:**

Uno de los objetivos fundamentales del proceso penal es garantizar el debido proceso para todas las partes involucradas, tanto el acusado como la víctima. Esto incluye el derecho a un juicio justo, la presunción de inocencia, el derecho a la defensa, la igualdad ante la ley, entre otros. El proceso penal busca asegurar que todas las personas sean tratadas con dignidad y justicia, y que se respeten sus derechos fundamentales en todo momento.

e. **Restablecimiento de la Paz Social:**

El proceso penal también busca restablecer la paz social y promover la convivencia pacífica en la sociedad. Al investigar y sancionar los delitos, se busca enviar un mensaje claro de que el Estado no tolerará la violación de las normas sociales y que habrá consecuencias para aquellos que infrinjan la ley. Esto contribuye a mantener la estabilidad y el orden social.

f. **Rehabilitación y Reinserción Social:**

Finalmente, el proceso penal tiene como objetivo la rehabilitación y reinserción social de los delincuentes. A través de programas de rehabilitación, educación y formación profesional, se busca ayudar a los infractores a abandonar su vida delictiva y reintegrarse positivamente en la sociedad. Esto es importante para reducir las tasas de reincidencia y promover la rehabilitación de los infractores.

En resumen, los objetivos del proceso penal son diversos y abarcan desde la prevención del delito hasta la protección de los derechos individuales y sociales, pasando por la reparación del daño, la garantía del debido proceso, el restablecimiento de la paz social y la rehabilitación de los delincuentes. Estos objetivos reflejan la complejidad y la importancia del sistema de justicia penal en la sociedad contemporánea.

CAPÍTULO II

SISTEMA DE CONTROL PENAL

2.1. Conceptualización.

El concepto de sistema de control penal se refiere al conjunto de instituciones, normas y procedimientos que tienen como objetivo principal regular y controlar la conducta de los individuos dentro de una sociedad, así como sancionar aquellas conductas que sean consideradas como delitos o transgresiones al ordenamiento jurídico. Este sistema se encuentra integrado por diversos componentes que interactúan entre sí para asegurar el cumplimiento de las leyes y la protección de los derechos fundamentales de los ciudadanos.

En su conceptualización, el sistema de control penal abarca tanto aspectos preventivos como punitivos, con el fin de mantener el orden social y garantizar la seguridad y el bienestar de la comunidad. Algunos de los elementos fundamentales que conforman este sistema son:

a. **Normativa Legal:** El sistema de control penal se sustenta en un marco normativo que establece qué conductas son consideradas como delitos, las penas correspondientes para cada tipo de infracción, así como los derechos y garantías de las personas sometidas al proceso penal. Esta normativa puede incluir leyes, códigos penales, reglamentos y tratados internacionales.

b. **Órganos Jurisdiccionales:** El sistema de control penal cuenta con una serie de órganos jurisdiccionales encargados de aplicar la ley y administrar justicia en materia penal.

9

Estos órganos pueden incluir tribunales, cortes, juzgados de instrucción, fiscales y defensores públicos, entre otros. Su función esencial es investigar los delitos, juzgar a los responsables y garantizar el respeto de los derechos procesales de todas las partes involucradas.

c. **Órganos de Investigación:** Además de los órganos jurisdiccionales, el sistema de control penal cuenta con organismos encargados de llevar a cabo la investigación de los delitos y recabar pruebas para sustentar las acusaciones ante los tribunales. Estos órganos pueden ser policiales, judiciales o fiscales, y su labor es fundamental para esclarecer los hechos, identificar a los responsables y recolectar las evidencias necesarias para el proceso penal.

d. **Medidas Preventivas:** El sistema de control penal incluye también medidas preventivas destinadas a evitar la comisión de delitos y proteger la seguridad pública. Estas medidas pueden incluir la vigilancia policial, la adopción de políticas públicas de prevención del delito, la promoción de la cultura de la legalidad y la implementación de programas de reinserción social.

En resumen, el sistema de control penal es el conjunto de instituciones, normas y procedimientos encargados de regular y controlar la conducta de los individuos en una sociedad, así como de sancionar aquellas conductas que sean contrarias al ordenamiento jurídico. Su objetivo principal es garantizar el cumplimiento de la ley, la protección de los derechos fundamentales y el mantenimiento del orden social.

2.2. Fundamentos del sistema de control penal.

Los fundamentos del sistema de control penal se basan en una serie de principios y valores que sustentan su existencia y su funcionamiento dentro de una sociedad democrática y basada en el Estado de Derecho. Estos fundamentos son esenciales para garantizar que el sistema de control penal cumpla con sus objetivos de manera justa, equitativa y conforme a los derechos fundamentales de las personas. A continuación, se describen algunos de los fundamentos más importantes:

a. **Legalidad:** El principio de legalidad establece que el ejercicio del poder punitivo del Estado debe estar sujeto a la ley. Esto significa que solo se pueden imponer sanciones penales cuando exista una norma legal previa que tipifique la conducta como delito y establezca las consecuencias jurídicas correspondientes. La legalidad garantiza la predictibilidad y la seguridad jurídica en el sistema de control penal.

b. **Proporcionalidad:** El principio de proporcionalidad establece que las sanciones penales deben ser proporcionales a la gravedad del delito y a la culpabilidad del infractor. Esto implica que la pena impuesta no debe ser excesiva ni desproporcionada en relación con la conducta delictiva cometida. La proporcionalidad busca evitar la arbitrariedad y asegurar que las penas sean justas y razonables.

c. **Presunción de Inocencia:** La presunción de inocencia es un principio fundamental del sistema de control penal que establece que toda persona acusada de cometer un delito se presume inocente hasta que se demuestre su culpabilidad mediante un juicio justo y equitativo. Este principio protege los derechos de los acusados y garantiza que no sean tratados como culpables antes de que se haya probado su responsabilidad de manera legal y concluyente.

d. **Derecho a la Defensa:** El derecho a la defensa es un componente esencial del debido proceso y del sistema de control penal. Este derecho garantiza que toda persona acusada de un delito tenga la oportunidad de ser asistida por un abogado defensor, de presentar pruebas a su favor y de confrontar a los testigos en su contra. La defensa efectiva es crucial para garantizar un juicio justo y equitativo.

e. **Legalidad de la Prueba:** El sistema de control penal se fundamenta en el principio de legalidad de la prueba, que establece que las pruebas presentadas durante el proceso penal deben ser obtenidas de manera legal y respetando los derechos fundamentales de las personas. Esto implica que no se pueden admitir pruebas obtenidas mediante tortura, coacción o violación de derechos humanos.

f. **Humanidad y Dignidad:** El sistema de control penal debe respetar la dignidad y los derechos humanos de todas las personas involucradas, incluidos los acusados, las víctimas y los testigos. Esto implica tratar a todas las personas con respeto y dignidad, protegiendo su integridad física y emocional y garantizando condiciones de detención dignas y seguras.

En resumen, los fundamentos del sistema de control penal se basan en principios como la legalidad, la proporcionalidad, la presunción de inocencia, el derecho a la defensa, la legalidad de la prueba y el respeto a la dignidad y los derechos humanos. Estos fundamentos son fundamentales para asegurar un sistema de justicia penal justo, equitativo y conforme a los valores democráticos y los derechos fundamentales de las personas.

2.3.   Instituciones del sistema de control penal.

Las instituciones del sistema de control penal son los organismos, entidades y autoridades encargadas de aplicar y administrar el derecho penal dentro de una sociedad. Estas instituciones trabajan en conjunto para investigar, enjuiciar y sancionar los delitos, así como para proteger los derechos de las personas involucradas en el proceso penal. A continuación, se describen algunas de las instituciones más importantes del sistema de control penal:

a. **Policía:** La policía es la principal institución encargada de mantener el orden público y prevenir el delito. Sus funciones incluyen la investigación de los delitos, la detención de los presuntos infractores, la protección de las víctimas y el resguardo de la escena del crimen. La policía puede actuar tanto a nivel local como nacional, dependiendo de la estructura organizativa del país.

b. **Ministerio Público o Fiscalía:** El Ministerio Público o Fiscalía es el organismo encargado de representar los intereses del Estado en materia penal. Su función principal es investigar los delitos, presentar acusaciones ante los tribunales, dirigir la investigación durante el proceso penal y velar por el respeto de los derechos de las víctimas y los acusados. El Ministerio Público es autónomo e independiente en su actuación y su objetivo es buscar la justicia en cada caso.

c. **Tribunales y Juzgados:** Los tribunales y juzgados son las instituciones encargadas de administrar justicia en materia penal. Su función es juzgar los casos penales, resolver conflictos legales y pronunciar sentencias de acuerdo con la ley. Los tribunales pueden ser de distintos niveles, como tribunales de primera instancia, tribunales de apelación y tribunales supremos, y su competencia puede variar dependiendo del tipo de delito y del territorio.

d. **Defensa Pública:** La defensa pública es un servicio público encargado de brindar asistencia legal gratuita a aquellas personas que no pueden costearse un abogado particular. Su función es garantizar el acceso a la justicia de todas las personas, independientemente de su situación económica. Los defensores públicos representan a los acusados durante el proceso penal y velan por el respeto de sus derechos.

e. **Instituciones Penitenciarias:** Las instituciones penitenciarias son las encargadas de administrar los centros de detención y cumplimiento de penas. Su función es custodiar a los condenados, garantizar su seguridad y rehabilitación, así como velar por el respeto de sus derechos humanos. Las instituciones penitenciarias pueden ofrecer programas de educación, trabajo y tratamiento para facilitar la reinserción social de los internos.

Estas son algunas de las instituciones más importantes del sistema de control penal, pero existen otras entidades y autoridades que también desempeñan un papel relevante en la aplicación y administración del derecho penal, como los servicios forenses, los organismos de investigación criminal, los órganos de supervisión y control, entre otros. En conjunto, estas instituciones trabajan para garantizar el cumplimiento de la ley, la protección de los derechos humanos y la seguridad de la sociedad.

2.4. Coordinación y colaboración entre instituciones.

La coordinación y colaboración entre las instituciones del sistema de control penal son fundamentales para asegurar un funcionamiento eficiente, una aplicación coherente de la ley y una protección efectiva de los derechos humanos. La interacción entre estas instituciones es necesaria en todas las etapas del proceso penal, desde la investigación inicial hasta la ejecución de las penas. A continuación, se describen algunos aspectos clave de la coordinación y colaboración entre las instituciones del sistema de control penal:

a. **Intercambio de información:** Las instituciones del sistema de control penal deben compartir información relevante y coordinar sus esfuerzos para investigar los delitos y enjuiciar a los responsables. Esto incluye la comunicación fluida entre la policía, el Ministerio Público, los tribunales y otras autoridades encargadas de la aplicación de la ley. El intercambio de información permite identificar tendencias delictivas, recopilar pruebas y tomar decisiones informadas durante el proceso penal.

b. **Asistencia y apoyo mutuo:** Las instituciones del sistema de control penal pueden brindarse asistencia y apoyo mutuo en el cumplimiento de sus funciones. Por ejemplo, la policía puede solicitar la colaboración del Ministerio Público en la obtención de órdenes de cateo o en la recolección de pruebas, mientras que el Ministerio Público puede requerir el apoyo de la policía para ejecutar órdenes de detención o realizar arrestos. Esta colaboración permite optimizar los recursos disponibles y mejorar la eficacia de las investigaciones y enjuiciamientos.

c. **Coordinación de estrategias:** Las instituciones del sistema de control penal deben coordinar sus estrategias y acciones para abordar de manera integral los problemas de seguridad y justicia penal en la sociedad. Esto implica la planificación conjunta de operativos policiales, la definición de políticas de persecución penal y la implementación de programas de prevención del delito. La coordinación de estrategias permite maximizar el impacto de las intervenciones y responder de manera efectiva a las necesidades de la comunidad.

d. **Promoción de protocolos y procedimientos comunes:** Es importante promover la adopción de protocolos y procedimientos comunes entre las instituciones del sistema de control penal para garantizar la coherencia y uniformidad en la aplicación de la ley. Esto incluye el establecimiento de criterios para la investigación y enjuiciamiento de delitos, la definición de estándares de calidad en la recolección de pruebas y la elaboración de guías para la protección de los derechos de las personas involucradas en el proceso penal.

e. **Formación y capacitación conjunta:** Las instituciones del sistema de control penal pueden organizar programas de formación y capacitación conjunta para sus funcionarios con el fin de mejorar sus habilidades y conocimientos en materia de aplicación de la ley y administración de justicia. Estos programas pueden abordar temas como técnicas de investigación, manejo de evidencia, resolución de conflictos y protección de derechos humanos. La formación conjunta fomenta el trabajo en equipo y fortalece la cooperación entre las instituciones.

En resumen, la coordinación y colaboración entre las instituciones del sistema de control penal son fundamentales para garantizar un funcionamiento eficiente, una aplicación coherente de la ley y una protección efectiva de los derechos humanos. Esta colaboración permite optimizar los recursos disponibles, mejorar la eficacia de las intervenciones y promover una respuesta integral a los desafíos de seguridad y justicia penal en la sociedad.

2.5. Control judicial del sistema de control penal.

El control judicial del sistema de control penal es un aspecto fundamental en un Estado de Derecho, ya que garantiza que las instituciones encargadas de aplicar y administrar el derecho penal actúen dentro de los límites establecidos por la ley y respeten los derechos fundamentales de las personas. El control judicial se ejerce a través de diversas herramientas y mecanismos que permiten supervisar y corregir las actuaciones de las autoridades encargadas de la administración de justicia penal. A continuación, se describen algunos de los aspectos principales del control judicial en el sistema de control penal:

a. **Revisión de Actos y Decisiones:** Los tribunales y juzgados tienen la facultad de revisar los actos y decisiones de las autoridades del sistema de control penal para garantizar su conformidad con la ley y los derechos fundamentales. Esto incluye la revisión de las actuaciones policiales, las órdenes de detención, las resoluciones del Ministerio Público, entre otros. Los tribunales pueden anular o modificar aquellos actos que sean contrarios a la ley o que vulneren los derechos de las personas.

b. **Control de la Legalidad de las Pruebas:** Los tribunales también ejercen un control sobre la legalidad de las pruebas presentadas durante el proceso penal. Esto implica evaluar la forma en que se obtuvieron las pruebas y determinar si su obtención fue conforme a la ley y respetó los derechos fundamentales de las personas. Los tribunales pueden excluir aquellas pruebas que hayan sido obtenidas de manera ilegal o que vulneren derechos constitucionales, como el derecho a la intimidad o el derecho a no ser sometido a tortura o tratos inhumanos.

c. **Resolución de Conflictos y Recursos:** Los tribunales desempeñan un papel clave en la resolución de conflictos relacionados con el sistema de control penal y en la tramitación de recursos interpuestos por las partes involucradas. Esto incluye recursos como el recurso de amparo, el recurso de apelación, el recurso de casación, entre otros, que permiten a las partes impugnar decisiones judiciales que consideren injustas o contrarias a la ley. Los tribunales analizan los argumentos presentados por las partes y emiten decisiones que resuelven los conflictos de manera justa y equitativa.

d. **Control de las Condiciones de Detención:** Los tribunales también supervisan las condiciones de detención de las personas privadas de libertad, garantizando que se respeten sus derechos humanos y que se cumplan las normas y estándares internacionales en materia de derechos humanos. Los jueces pueden realizar inspecciones periódicas a los centros de detención, escuchar las quejas de los detenidos y adoptar medidas para mejorar las condiciones de reclusión y garantizar el respeto a la dignidad de las personas privadas de libertad.

En resumen, el control judicial del sistema de control penal es esencial para garantizar el respeto de la ley y los derechos fundamentales en la aplicación de la justicia penal. Los tribunales desempeñan un papel crucial en la supervisión y corrección de las actuaciones de las autoridades del sistema de control penal, asegurando que se respeten los principios de legalidad, proporcionalidad, presunción de inocencia y debido proceso en todo momento. Esto contribuye a fortalecer la legitimidad y la confianza en el sistema de justicia penal y a proteger los derechos de las personas frente al poder del Estado.

CAPÍTULO III

SISTEMA PROCESAL PENAL

3.1. Conceptualización.

El sistema procesal penal es el conjunto de normas, principios, procedimientos y órganos encargados de regular y administrar la persecución y juzgamiento de los delitos dentro de un Estado de Derecho. Este sistema establece las reglas y garantías que deben seguirse durante el proceso penal, tanto para proteger los derechos de los acusados como para asegurar la búsqueda de la verdad y la justicia en cada caso. A continuación, se presenta una conceptualización amplia del sistema procesal penal:

a. **Normativa Legal:** El sistema procesal penal se basa en un conjunto de leyes, códigos, reglamentos y principios jurídicos que establecen los procedimientos y garantías que deben seguirse durante el proceso penal. Estas normas regulan desde la fase de investigación y acusación hasta el juicio y la ejecución de las penas.

b. **Garantías Procesales:** Una característica fundamental del sistema procesal penal son las garantías procesales, que son derechos fundamentales reconocidos a las personas involucradas en un proceso penal. Estas garantías incluyen el derecho a un juicio justo, el derecho a la presunción de inocencia, el derecho a la defensa, el derecho a un abogado, el derecho a un recurso efectivo, entre otros. Estas garantías protegen los derechos de los acusados y garantizan la equidad y la imparcialidad del proceso penal.

c. **Principios Rectores:** El sistema procesal penal se rige por una serie de principios rectores que orientan la actuación de las autoridades judiciales y garantizan la correcta administración de justicia. Algunos de estos principios incluyen el principio de legalidad, que establece que ninguna persona puede ser condenada sin fundamento en una ley previamente establecida; el principio de contradicción, que garantiza el derecho de las partes a ser escuchadas y a controvertir las pruebas en su contra; y el principio de oralidad, que establece que las audiencias y los debates deben realizarse de forma oral y pública.

d. **Órganos Jurisdiccionales:** El sistema procesal penal cuenta con una serie de órganos jurisdiccionales encargados de administrar justicia en materia penal. Estos órganos pueden incluir tribunales, cortes, juzgados de instrucción, fiscales y defensores públicos, entre otros. Su función esencial es investigar los delitos, juzgar a los responsables y garantizar el respeto de los derechos procesales de todas las partes involucradas.

e. **Fases del Proceso Penal:** El proceso penal se divide en distintas fases, que pueden variar dependiendo del sistema jurídico de cada país. Estas fases suelen incluir la fase de investigación, en la que se recaban pruebas y se determina si hay suficientes elementos para acusar a una persona; la fase de juicio, en la que se lleva a cabo el debate oral y público entre las partes y se emite una sentencia; y la fase de ejecución de la pena, en la que se cumple la condena impuesta por el tribunal.

En resumen, el sistema procesal penal es el conjunto de normas, principios, procedimientos y órganos encargados de regular y administrar la persecución y juzgamiento de los delitos dentro de un Estado de Derecho. Este sistema garantiza el respeto de los derechos fundamentales de las personas, la búsqueda de la verdad y la justicia, y el cumplimiento de la ley en materia penal.

3.2. Fundamentos del sistema procesal penal.

Los fundamentos del sistema procesal penal son los principios y valores en los que se basa para asegurar un proceso justo, equitativo y conforme a los derechos fundamentales de las personas involucradas. Estos fundamentos son esenciales para garantizar la efectividad del sistema de justicia penal y para mantener la confianza y legitimidad en el mismo. A continuación, se describen algunos de los fundamentos más importantes del sistema procesal penal:

a. **Legalidad:** El principio de legalidad establece que todo el proceso penal debe estar fundamentado en normas jurídicas previamente establecidas. Esto significa que ninguna persona puede ser sometida a juicio ni condenada sin que exista una ley que prevea expresamente la conducta como delito y que establezca las consecuencias jurídicas correspondientes. La legalidad garantiza la seguridad jurídica y la predictibilidad en el sistema de justicia penal.

b. **Presunción de Inocencia:** La presunción de inocencia es un principio fundamental del sistema procesal penal que establece que toda persona se presume inocente hasta que se demuestre su culpabilidad mediante un juicio justo y equitativo. Esto implica que la carga de la prueba recae en la acusación y que corresponde al Estado demostrar la culpabilidad del acusado más allá de toda duda razonable. La presunción de inocencia protege los derechos de los acusados y garantiza que no sean tratados como culpables antes de que se haya probado su responsabilidad de manera legal y concluyente.

c. **Derecho a la Defensa:** El derecho a la defensa es un componente esencial del debido proceso y del sistema procesal penal. Este derecho garantiza que toda persona acusada de un delito tenga la oportunidad de ser asistida por un abogado defensor, de presentar pruebas a su favor y de confrontar a los testigos en su contra. La defensa efectiva es crucial para garantizar un juicio justo y equitativo.

d. **Principio de Contradicción:** El principio de contradicción establece que las partes involucradas en un proceso penal tienen derecho a ser escuchadas y a controvertir las pruebas en su contra. Esto implica que tanto la acusación como la defensa tienen la oportunidad de presentar sus argumentos y pruebas ante el tribunal y de impugnar los argumentos y pruebas de la contraparte. El principio de contradicción contribuye a garantizar la igualdad de armas entre las partes y la búsqueda de la verdad en el proceso penal.

e. **Oralidad y Publicidad:** El sistema procesal penal se basa en los principios de oralidad y publicidad, que establecen que las audiencias y los debates deben realizarse de forma oral y pública. Esto permite que las partes se comuniquen de manera directa con el tribunal, que se valore en tiempo real la credibilidad de los testimonios y que se respete el principio de publicidad de los actos de gobierno. La oralidad y la publicidad contribuyen a la transparencia y la legitimidad del sistema de justicia penal.

En resumen, los fundamentos del sistema procesal penal se basan en principios como la legalidad, la presunción de inocencia, el derecho a la defensa, el principio de contradicción y la oralidad y publicidad de los actos procesales. Estos fundamentos son esenciales para garantizar un proceso penal justo, equitativo y conforme a los derechos fundamentales de las personas.

3.3. Tipos de sistemas procesales penales.

Existen varios tipos de sistemas procesales penales, cada uno con características distintas en cuanto a la organización de los procedimientos, la distribución de roles y funciones entre las partes, y la forma en que se desarrollan los juicios. Los principales tipos de sistemas procesales penales son:

1. **Sistema Acusatorio:** En este sistema, la función de acusar y la de juzgar están separadas. El Ministerio Público o Fiscalía es el encargado de investigar los delitos, presentar la acusación ante el tribunal y recolectar las pruebas en contra del acusado. Por otro lado, el tribunal, compuesto por jueces imparciales, se encarga de llevar a cabo el juicio y dictar la sentencia. Las partes involucradas en el proceso, tanto la acusación como la defensa, tienen un papel activo en la presentación de pruebas y argumentos durante el juicio. Este sistema se basa en los principios de oralidad, contradicción y publicidad.

2. **Sistema Inquisitivo:** En este sistema, el juez cumple un papel activo en la investigación de los delitos y la recolección de pruebas. El juez tiene la responsabilidad de dirigir la investigación, interrogar a los testigos y decidir sobre la admisibilidad de las pruebas. El acusado y su defensa tienen un rol más pasivo y pueden tener menos oportunidades para participar activamente en el proceso. Este sistema se caracteriza por la concentración de poder en manos del juez y la falta de separación entre la función de acusar y la de juzgar.

3. **Sistema Mixto:** Este sistema combina elementos del sistema acusatorio y del sistema inquisitivo. Por ejemplo, puede haber una separación de roles entre el Ministerio Público o Fiscalía, encargado de la investigación y la acusación, y el tribunal, encargado de juzgar y dictar la sentencia. Sin embargo, el juez puede tener un papel más activo en la dirección de la investigación que en el sistema acusatorio puro. Este sistema puede variar considerablemente de un país a otro en función de la legislación y la práctica judicial.

4. **Sistema Adversarial:** Este sistema se centra en el conflicto entre las partes y la búsqueda de la verdad a través del debate entre la acusación y la defensa. Las partes tienen un papel activo en la presentación de pruebas y argumentos, y el juez actúa como árbitro imparcial que garantiza que el proceso se lleve a cabo de manera justa y equitativa. Este sistema se basa en los principios de contradicción, igualdad de armas y respeto a los derechos fundamentales de las partes.

Es importante tener en cuenta que la clasificación de los sistemas procesales penales no es siempre nítida, y muchos países pueden tener sistemas que combinan características de varios tipos. Además, los sistemas procesales penales pueden evolucionar con el tiempo y ser objeto de reformas para adaptarse a las necesidades y demandas de la sociedad.

3.4. Fines del sistema procesal penal.

Los fines del sistema procesal penal son los objetivos y propósitos que busca alcanzar para asegurar una administración de justicia penal justa, equitativa y conforme a los derechos fundamentales de las personas involucradas en un proceso penal. Estos fines son fundamentales para garantizar el funcionamiento adecuado del sistema de justicia penal y para proteger los derechos de los individuos frente al poder del Estado. A continuación, se describen algunos de los principales fines del sistema procesal penal:

a. **Garantizar la Legalidad:** Uno de los principales fines del sistema procesal penal es garantizar que todo el proceso penal se desarrolle conforme a la ley. Esto implica que tanto la investigación como el enjuiciamiento de los delitos deben llevarse a cabo de acuerdo con las normas y procedimientos establecidos en la legislación penal y procesal. La legalidad asegura la transparencia, la previsibilidad y el respeto de los derechos de las personas involucradas en el proceso penal.

b. **Proteger los Derechos Fundamentales:** El sistema procesal penal tiene como fin proteger los derechos fundamentales de las personas, tanto de los acusados como de las víctimas y testigos. Esto incluye derechos como la presunción de inocencia, el derecho a un juicio justo, el derecho a la defensa, el derecho a no ser sometido a tortura o tratos inhumanos, entre otros. Proteger estos derechos es esencial para garantizar un proceso penal justo y equitativo.

c. **Buscar la Verdad:** El sistema procesal penal tiene como objetivo buscar la verdad sobre los hechos que se investigan y enjuician. Esto implica recabar pruebas de manera objetiva y imparcial, permitir la confrontación de las pruebas por las partes involucradas y garantizar que el tribunal cuente con la información necesaria para dictar una sentencia fundada en la verdad procesal. Buscar la verdad contribuye a la justicia y a la reparación del daño causado por los delitos.

d. **Prevenir la Impunidad:** Otro fin del sistema procesal penal es prevenir la impunidad y asegurar que los responsables de cometer delitos sean llevados ante la justicia y sancionados conforme a la ley. Esto implica investigar de manera diligente los delitos, presentar acusaciones fundamentadas, llevar a cabo juicios justos y garantizar el cumplimiento de las penas impuestas. Prevenir la impunidad es esencial para mantener la confianza en el sistema de justicia penal y para prevenir la comisión de nuevos delitos.

e. **Contribuir a la Paz Social:** El sistema procesal penal tiene como fin contribuir a la paz social y al mantenimiento del orden público. Esto implica garantizar la seguridad de la sociedad mediante la aplicación efectiva de la ley, la prevención y sanción de conductas delictivas, y la protección de los derechos de las personas. Un sistema de justicia penal justo y eficaz contribuye a fortalecer el estado de derecho y la convivencia pacífica en la sociedad.

En resumen, los fines del sistema procesal penal son garantizar la legalidad, proteger los derechos fundamentales, buscar la verdad, prevenir la impunidad y contribuir a la paz social. Estos fines son esenciales para asegurar un sistema de justicia penal justo, equitativo y conforme a los principios democráticos y los derechos humanos.

CAPÍTULO IV

EL PROCESO PENAL

4.1. Conceptualización.

La conceptualización del proceso penal se refiere a la definición y comprensión del conjunto de actuaciones y procedimientos que se llevan a cabo para la investigación, enjuiciamiento y sanción de los delitos dentro de un sistema jurídico determinado. El proceso penal es una herramienta fundamental del Estado de Derecho para garantizar la aplicación de la ley y proteger los derechos de las personas involucradas en un caso penal. A continuación, se presenta una conceptualización del proceso penal:

El proceso penal es un conjunto de actuaciones jurídicas y procedimientos establecidos por la ley, cuyo objetivo es resolver conflictos relacionados con la comisión de delitos y determinar la responsabilidad penal de las personas involucradas. El proceso penal se inicia con la investigación de un delito por parte de las autoridades competentes, que pueden ser la policía, el Ministerio Público o Fiscalía, u otros organismos encargados de la aplicación de la ley. Durante la investigación, se recaban pruebas y se recopila información relevante para determinar si existe suficiente evidencia para presentar una acusación formal ante un tribunal.

Una vez presentada la acusación, se inicia la fase de enjuiciamiento, en la cual se lleva a cabo un juicio ante un tribunal competente. Durante el juicio, las partes involucradas, que pueden ser la acusación y la defensa, presentan sus argumentos, pruebas y testigos ante el tribunal, que actúa como árbitro imparcial. El

27

tribunal evalúa la evidencia presentada y emite una sentencia basada en el derecho aplicable y los hechos probados en el juicio.

El proceso penal se rige por una serie de principios y garantías fundamentales, como el derecho a un juicio justo, la presunción de inocencia, el derecho a la defensa, el principio de contradicción, entre otros. Estos principios aseguran que el proceso penal se desarrolle de manera justa, equitativa y conforme a los derechos humanos.

En resumen, el proceso penal es el conjunto de actuaciones jurídicas y procedimientos establecidos por la ley para la investigación, enjuiciamiento y sanción de los delitos. Es una herramienta fundamental del Estado de Derecho para garantizar la aplicación de la ley y proteger los derechos de las personas involucradas en un caso penal.

4.2. Fines del proceso penal.

Los fines del proceso penal son los objetivos y propósitos que busca alcanzar para lograr una administración de justicia penal efectiva y justa. Estos fines son fundamentales para garantizar que el proceso penal cumpla con su función de resolver conflictos relacionados con la comisión de delitos de manera equitativa y conforme a los principios democráticos y los derechos humanos. A continuación, se describen algunos de los principales fines del proceso penal:

a. **Reparación del Daño:** Uno de los principales fines del proceso penal es la reparación del daño causado por el delito. Esto implica restablecer los derechos y la dignidad de las víctimas, compensar los perjuicios sufridos y restaurar el orden social afectado por la conducta delictiva. La reparación del daño puede incluir el pago de indemnizaciones, la restitución de bienes y la rehabilitación de las víctimas.

b. **Prevención General:** El proceso penal busca prevenir la comisión de nuevos delitos mediante la aplicación de sanciones penales proporcionales y disuasorias. La imposición de penas ejemplares y la aplicación efectiva de la ley contribuyen a fortalecer el respeto a las normas sociales y a disuadir a otras personas de cometer delitos similares. La prevención general busca proteger el orden social y promover el respeto a la ley.

c. **Prevención Especial:** Además de la prevención general, el proceso penal busca prevenir la reincidencia y promover la rehabilitación de los infractores. Esto implica ofrecer programas de tratamiento, educación y reinserción social a las personas condenadas, con el fin de reducir su propensión a cometer delitos en el futuro y facilitar su reintegración a la sociedad. La prevención especial busca promover la resocialización y la reinserción de los infractores en la comunidad.

d. **Justicia y Reparación del Agravio:** El proceso penal busca garantizar la justicia y reparar el agravio causado por el delito a las víctimas y a la sociedad en su conjunto. Esto implica investigar de manera diligente los delitos, identificar a los responsables y aplicar sanciones proporcionales a la gravedad de los hechos. La justicia penal busca restaurar el equilibrio moral y social afectado por la conducta delictiva, y promover la confianza en el sistema de justicia.

e. **Protección de los Derechos Humanos:** Finalmente, el proceso penal tiene como fin proteger los derechos humanos de todas las personas involucradas en el proceso, incluyendo a los acusados, las víctimas y los testigos. Esto implica garantizar el respeto a la presunción de inocencia, el derecho a un juicio justo, el derecho a la defensa, entre otros derechos fundamentales. La protección de los derechos humanos es esencial para asegurar un proceso penal justo y equitativo.

En resumen, los fines del proceso penal incluyen la reparación del daño, la prevención general y especial de los delitos, la búsqueda de la justicia y la reparación del agravio, y la protección de los derechos humanos. Estos fines son esenciales para garantizar que el proceso penal cumpla con su función de administrar justicia de manera equitativa y conforme a los principios democráticos y los derechos fundamentales.

4.3. Objeto del proceso penal.

El objeto del proceso penal se refiere a aquello que constituye el contenido y la finalidad del proceso penal mismo. Es decir, es el conjunto de situaciones, hechos y circunstancias que son objeto de investigación, enjuiciamiento y resolución dentro del marco del sistema de justicia penal. El objeto del proceso penal está estrechamente relacionado con los delitos y las conductas punibles que son objeto de atención por parte de las autoridades judiciales y el sistema de justicia. A continuación, se describen algunos aspectos importantes del objeto del proceso penal:

a. **Delitos y Conductas Punibles:** El objeto del proceso penal son los delitos y las conductas punibles que constituyen violaciones de la ley penal. Estos delitos pueden abarcar una amplia gama de comportamientos, como homicidio, robo, fraude, violencia doméstica, entre otros. El proceso penal tiene como objetivo investigar estos delitos, determinar la responsabilidad de los presuntos autores y aplicar las sanciones correspondientes de acuerdo con la ley.

b. **Hechos Investigados:** El objeto del proceso penal incluye los hechos específicos que son objeto de investigación por parte de las autoridades judiciales. Esto puede implicar la identificación de los autores de un delito, la reconstrucción de los eventos que llevaron a su comisión, la recopilación de pruebas y evidencias relevantes, y la determinación de las circunstancias en las que se produjo el delito. Los hechos investigados son fundamentales para establecer la verdad procesal y determinar la responsabilidad penal de los acusados.

c. **Derechos de las Víctimas:** El objeto del proceso penal también incluye la protección de los derechos de las víctimas de delitos. Esto implica garantizar que las víctimas sean escuchadas, que se respete su dignidad y su intimidad, y que reciban la reparación adecuada por los daños sufridos. Las autoridades judiciales tienen la responsabilidad de velar por los derechos de las víctimas y asegurar su participación en el proceso penal de manera activa y efectiva.

d. **Protección de los Derechos de los Acusados:** Además de los delitos y las conductas punibles, el objeto del proceso penal también incluye la protección de los derechos de los acusados. Esto implica garantizar que se respeten los principios fundamentales del debido proceso, como la presunción de inocencia, el derecho a la defensa, el derecho a un juicio justo, entre otros. Los acusados tienen derecho a un proceso penal equitativo y conforme a la ley, y las autoridades judiciales tienen la responsabilidad de asegurar el respeto de estos derechos.

En resumen, el objeto del proceso penal incluye los delitos y las conductas punibles que son objeto de investigación y enjuiciamiento, los hechos específicos que se investigan, los derechos de las víctimas y los derechos de los acusados. El proceso penal tiene como objetivo fundamental garantizar la administración de justicia de manera equitativa y conforme a los principios democráticos y los derechos humanos, protegiendo los derechos de todas las personas involucradas en el proceso.

4.4. Características del proceso penal.

Las características del proceso penal son los rasgos distintivos que definen su naturaleza, funcionamiento y finalidad dentro del sistema de justicia penal. Estas características son fundamentales para comprender cómo se desarrolla y se administra la justicia en materia penal. A continuación, se describen algunas de las principales características del proceso penal:

a. **Carácter Público:** El proceso penal es de naturaleza pública, lo que significa que se desarrolla ante autoridades judiciales abiertas al escrutinio público. Las audiencias y los juicios suelen ser públicos, permitiendo que la sociedad en general tenga acceso a la administración de justicia y pueda verificar que se respeten los derechos y principios procesales.

b. **Contradicción:** Una de las características fundamentales del proceso penal es la contradicción, que implica que las partes involucradas tienen derecho a presentar pruebas, argumentos y contrargumentos para defender sus posiciones ante el tribunal. Esto permite un debate equitativo y la búsqueda de la verdad a través del contraste de versiones y argumentos de las partes.

c. **Oralidad:** El proceso penal se caracteriza por la oralidad de las actuaciones judiciales, lo que implica que las audiencias y los debates se realizan de manera verbal y en presencia de las partes y el juez. Este principio facilita la inmediación y la confrontación directa entre las partes, promoviendo la transparencia y la celeridad en el desarrollo del proceso.

d. **Publicidad:** El principio de publicidad es una característica esencial del proceso penal, que garantiza que las actuaciones judiciales sean accesibles al público en general, salvo en casos excepcionales en los que se justifique la restricción de la publicidad por razones de seguridad, privacidad o interés público. La publicidad contribuye a la transparencia y la legitimidad del sistema de justicia penal.

e. **Legalidad:** El proceso penal se desarrolla en estricto cumplimiento de la legalidad, lo que implica que todas las actuaciones y decisiones judiciales deben estar fundamentadas en las leyes y normas jurídicas aplicables.

La legalidad asegura la previsibilidad, la seguridad jurídica y el respeto de los derechos de las partes involucradas en el proceso.

f. **Igualdad de Armas:** El proceso penal se caracteriza por garantizar la igualdad de armas entre la acusación y la defensa, asegurando que ambas partes tengan las mismas oportunidades y recursos para presentar sus argumentos y pruebas ante el tribunal. Esto es fundamental para garantizar un juicio justo y equitativo.

g. **Presunción de Inocencia:** Una característica clave del proceso penal es la presunción de inocencia, que establece que toda persona es considerada inocente hasta que se demuestre su culpabilidad mediante un juicio justo y en el que se respeten todas las garantías procesales. Esta presunción protege los derechos de los acusados y asegura que no sean tratados como culpables antes de que se haya probado su responsabilidad de manera legal y concluyente.

En resumen, el proceso penal se caracteriza por su carácter público, la contradicción entre las partes, la oralidad de las actuaciones judiciales, la publicidad de los actos procesales, el principio de legalidad, la igualdad de armas entre la acusación y la defensa, y la presunción de inocencia. Estas características son fundamentales para asegurar un proceso penal justo, equitativo y conforme a los principios democráticos y los derechos humanos.

4.5. Principios rectores del proceso penal.

Los principios rectores del proceso penal son los fundamentos sobre los cuales se sustenta el sistema de justicia penal y que orientan el desarrollo y aplicación del proceso penal. Estos principios son esenciales para garantizar que el proceso penal se lleve a cabo de manera justa, equitativa y conforme a los derechos fundamentales de las personas involucradas.

4.5.1. Principio de legalidad.

El principio de legalidad en el proceso penal es una de las piedras angulares del Estado de Derecho y establece que ninguna persona puede ser sometida a proceso penal ni condenada sin que exista una ley previamente establecida que tipifique la conducta como delito y establezca las consecuencias jurídicas correspondientes. Este principio garantiza la seguridad jurídica y la protección contra la arbitrariedad del poder estatal, asegurando que el ejercicio del poder punitivo del Estado esté limitado por la ley y que los ciudadanos conozcan de antemano qué conductas son consideradas delictivas y cuáles son las sanciones previstas.

En el contexto del proceso penal, el principio de legalidad implica que:

a. **Tipificación de los Delitos:** Las conductas que constituyen delitos deben estar previamente tipificadas en la legislación penal, es decir, definidas y descritas de manera clara y precisa en las leyes penales.

b. **Reserva de Ley:** La creación de delitos y la imposición de sanciones penales están reservadas exclusivamente al poder legislativo, que tiene la facultad de establecer normas penales mediante la aprobación de leyes.

c. **Irretroactividad de la Ley Penal:** Nadie puede ser procesado ni condenado por acciones u omisiones que, al tiempo de cometerse, no estaban tipificadas como delito ni previstas como sancionables por la ley.

d. **Legalidad de las Penas:** Las penas aplicables deben estar previstas en la ley y ser proporcionales a la gravedad del delito cometido, evitando así penas arbitrarias o excesivas.

e. **Principio de Legalidad de la Prueba:** Las pruebas obtenidas de manera ilegal o contraviniendo derechos fundamentales no pueden ser utilizadas en el proceso penal, respetando así el principio de legalidad en la obtención y valoración de la prueba.

El principio de legalidad en el proceso penal es esencial para garantizar la igualdad ante la ley, la protección de los derechos individuales y la legitimidad del sistema de justicia penal. Al asegurar que el ejercicio del poder punitivo esté sujeto a la ley y a los principios democráticos, se evita el riesgo de abusos de autoridad y se promueve la confianza en el sistema de justicia.

4.5.2. Principio de presunción de inocencia.

El principio de presunción de inocencia es un pilar fundamental del derecho penal y establece que toda persona acusada de cometer un delito se presume inocente hasta que se demuestre su culpabilidad mediante un juicio justo y en el que se respeten todas las garantías procesales. Este principio protege los derechos fundamentales de los acusados y asegura que no sean tratados como culpables antes de que se haya probado su responsabilidad de manera legal y concluyente.

En el contexto del proceso penal, el principio de presunción de inocencia implica que:

a. **Carga de la Prueba:** La carga de la prueba recae en la acusación, es decir, en el Ministerio Público o Fiscalía, que tiene la responsabilidad de presentar pruebas suficientes y convincentes que demuestren la culpabilidad del acusado más allá de toda duda razonable.

b. **Derecho a la Defensa:** El acusado tiene derecho a ser asistido por un abogado defensor y a presentar pruebas y argumentos en su favor durante el juicio. Este derecho le permite contrarrestar las acusaciones y defender su inocencia de manera efectiva.

c. **Presunción durante todo el Proceso:** La presunción de inocencia opera desde el momento en que se inicia la investigación del delito hasta que se dicta una sentencia firme por parte del tribunal competente. Durante todo este proceso, el acusado debe ser tratado como inocente y gozar de los derechos que le son inherentes a esta condición.

d. **Prohibición de Tratos Inhumanos o Degradantes:** El principio de presunción de inocencia implica que el acusado no puede ser sometido a tratos inhumanos, degradantes o que atenten contra su dignidad personal mientras se encuentra bajo investigación o enjuiciamiento penal.

e. **Respeto a la Imagen y Reputación:** Durante el proceso penal, se debe respetar la imagen y la reputación del acusado, evitando la difusión de información que pueda afectar su honorabilidad antes de que se demuestre su culpabilidad de manera legal y definitiva.

El principio de presunción de inocencia es esencial para garantizar un proceso penal justo, equitativo y conforme a los derechos humanos. Al asegurar que el Estado y sus instituciones respeten la dignidad y los derechos de los acusados, se fortalece la confianza en el sistema de justicia y se protege el Estado de Derecho.

4.5.3. Principio del debido proceso.

El principio del debido proceso en el proceso penal es un componente esencial del Estado de Derecho y garantiza que todas las partes involucradas en un proceso penal reciban un trato justo, equitativo y conforme a la ley. Este principio está consagrado en numerosos instrumentos internacionales de derechos humanos y constituciones nacionales, y abarca una serie de derechos y garantías fundamentales que deben respetarse en todas las etapas del proceso penal. A continuación, se destacan algunos aspectos clave del principio del debido proceso en el contexto del proceso penal:

a. **Derecho a un Juicio Justo:** El debido proceso garantiza a todas las personas el derecho a ser juzgadas por un tribunal imparcial e independiente, dentro de un plazo razonable y de conformidad con las normas y procedimientos establecidos por la ley. Esto incluye el derecho a ser informado de los cargos, el derecho a la defensa, el derecho a presentar pruebas y argumentos, y el derecho a un fallo motivado y fundamentado.

b. **Presunción de Inocencia:** El debido proceso protege el derecho de los acusados a ser considerados inocentes hasta que se demuestre su culpabilidad mediante un juicio justo y en el que se respeten todas las garantías procesales. Esto implica que la carga de la prueba recae en la acusación y que se deben respetar los derechos de defensa del acusado en todas las etapas del proceso.

c. **Derecho a la Defensa:** El debido proceso garantiza el derecho de los acusados a ser asistidos por un abogado defensor competente y a presentar pruebas y argumentos en su favor durante el juicio. Esto incluye el derecho a interrogar a los testigos de cargo, a presentar pruebas de descargo y a impugnar las pruebas presentadas por la acusación.

d. **Igualdad de Armas:** El debido proceso asegura que las partes involucradas en el proceso penal tengan igualdad de armas y oportunidades para presentar sus argumentos y pruebas ante el tribunal. Esto implica que se deben respetar los principios de contradicción y equidad procesal, garantizando un debate justo y equitativo entre las partes.

e. **Legalidad de la Prueba:** El debido proceso establece que las pruebas obtenidas de manera ilegal o mediante violación de derechos fundamentales no pueden ser admitidas en el proceso penal. Esto asegura la integridad del proceso y protege los derechos de las personas involucradas.

f. **Motivación de las Decisiones:** El debido proceso exige que todas las decisiones judiciales sean motivadas y fundamentadas, explicando las razones y fundamentos en los que se basan. Esto garantiza la transparencia y la legalidad de las decisiones judiciales, permitiendo su revisión y control por parte de instancias superiores.

En resumen, el principio del debido proceso en el proceso penal asegura que todas las partes involucradas reciban un trato justo y equitativo, que se respeten sus derechos fundamentales y que el proceso se lleve a cabo conforme a las normas y procedimientos establecidos por la ley. Este principio es esencial para garantizar la justicia, la legalidad y el respeto de los derechos humanos en el sistema de justicia penal.

4.5.4. Principio de ne bis in idem.

El principio de ne bis in idem, que proviene del latín y significa "no dos veces por lo mismo", es un principio fundamental del derecho penal que establece que una persona no puede ser juzgada o sancionada dos veces por el mismo delito o por los mismos hechos ya juzgados en un proceso penal anterior. Este principio está reconocido en numerosos sistemas jurídicos y en instrumentos internacionales de derechos humanos, y tiene como objetivo proteger los derechos fundamentales de las personas, como la seguridad jurídica, la estabilidad de las decisiones judiciales y la prohibición del doble castigo.

En el contexto del proceso penal, el principio de ne bis in idem implica que:

a. **Prohibición de la Doble Imputación:** Una persona no puede ser acusada o procesada dos veces por el mismo delito ante los tribunales penales. Si una persona ha sido juzgada y absuelta o condenada por un delito, no puede ser sometida a un nuevo proceso penal por los mismos hechos, ya que ello vulneraría el principio de seguridad jurídica y la prohibición del doble castigo.

b. **Prohibición de la Doble Sanción:** Una persona no puede ser sancionada dos veces por el mismo delito o los mismos hechos ya juzgados en un proceso penal anterior. Si una persona ha sido condenada y ha cumplido una pena por un delito, no puede ser nuevamente sancionada por los mismos hechos en otro proceso penal, ya sea en el mismo país o en otro país.

c. **Aplicación en Procesos Nacionales e Internacionales:** El principio de ne bis in idem se aplica tanto en los procesos penales llevados a cabo por los tribunales nacionales como en los procesos penales llevados a cabo por tribunales internacionales, como la Corte Penal Internacional (CPI). Esto garantiza que las personas no sean objeto de múltiples procesos o sanciones por los mismos hechos, ya sea a nivel nacional o internacional.

d. **Excepciones:** Si bien el principio de ne bis in idem prohíbe la doble imputación y la doble sanción por los mismos hechos, existen ciertas excepciones en las que se permite la apertura de nuevos procesos penales. Por ejemplo, si se descubren nuevas pruebas que no estaban disponibles en el primer proceso o si se impugna la legalidad del proceso anterior por violación de derechos fundamentales.

En resumen, el principio de ne bis in idem en el proceso penal establece que una persona no puede ser juzgada ni sancionada dos veces por el mismo delito o los mismos hechos ya juzgados en un proceso penal anterior. Este principio protege los derechos fundamentales de las personas y garantiza la seguridad jurídica y la estabilidad de las decisiones judiciales.

4.5.5. Principio de congruencia procesal.

El principio de congruencia procesal en el proceso penal se refiere a la obligación de que las resoluciones judiciales emitidas por los tribunales penales sean congruentes y consistentes con los términos en los que se formuló la acusación y se desarrolló el juicio. Este principio busca garantizar la coherencia entre la imputación realizada por la fiscalía o acusación y la decisión final del tribunal, evitando así cualquier tipo de arbitrariedad o indefensión para las partes involucradas en el proceso penal.

En otras palabras, el principio de congruencia procesal establece que la sentencia dictada por el tribunal debe estar en consonancia con lo establecido en la acusación presentada por la fiscalía y con los hechos probados durante el juicio. Esto implica que el tribunal no puede condenar al acusado por delitos distintos a los que fueron objeto de la acusación ni imponer una pena mayor a la solicitada por la acusación, a menos que se trate de una circunstancia excepcional debidamente justificada.

Algunos aspectos importantes del principio de congruencia procesal en el proceso penal son:

a. **Acusación Precisa:** La acusación presentada por la fiscalía debe ser clara, precisa y detallada en cuanto a los hechos imputados y los delitos que se le atribuyen al acusado.

b. **Hechos Probados:** La sentencia del tribunal debe estar basada en los hechos probados durante el juicio y en las pruebas presentadas por ambas partes, respetando el principio de contradicción y el derecho de defensa del acusado.

c. **Determinación de Responsabilidad:** El tribunal debe determinar la responsabilidad penal del acusado en base a los hechos y circunstancias probadas durante el juicio, aplicando la ley de manera objetiva e imparcial.

d. **Proporcionalidad de la Pena:** En caso de condena, la pena impuesta por el tribunal debe ser proporcional a la gravedad del delito y a las circunstancias del caso, respetando los límites establecidos por la ley y la jurisprudencia.

En resumen, el principio de congruencia procesal en el proceso penal busca garantizar la coherencia entre la acusación, el desarrollo del juicio y la sentencia emitida por el tribunal, asegurando así el respeto a los derechos de las partes y la legalidad de las decisiones judiciales.

4.5.6. Principio del juicio justo.

El principio del juicio justo en el proceso penal es un concepto fundamental que garantiza que todas las personas involucradas en un proceso penal sean tratadas de manera equitativa, imparcial y conforme a las normas del debido proceso legal. Este principio está consagrado en numerosos instrumentos internacionales de derechos humanos y constituciones nacionales, y es esencial para asegurar la justicia y la legitimidad del sistema de justicia penal. A continuación, se describen algunos aspectos clave del principio del juicio justo en el contexto del proceso penal:

a. **Imparcialidad e Independencia del Tribunal:** El juicio justo exige que el tribunal encargado de resolver el caso sea imparcial e independiente, es decir, que no esté sujeto a influencias externas o presiones indebidas y que actúe de manera objetiva y neutral en la valoración de las pruebas y la aplicación de la ley.

b. **Derecho a la Defensa:** El juicio justo garantiza a todas las partes involucradas en el proceso penal el derecho a ser asistidas por un abogado defensor competente y a presentar pruebas y argumentos en su favor durante el juicio. Esto incluye el derecho a interrogar a los testigos de cargo, a presentar pruebas de descargo y a impugnar las pruebas presentadas por la acusación.

c. **Presunción de Inocencia:** El juicio justo establece que toda persona acusada de cometer un delito se presume inocente hasta que se demuestre su culpabilidad mediante un juicio justo y en el que se respeten todas las garantías procesales. Esto implica que la carga de la prueba recae en la acusación y que se deben respetar los derechos de defensa del acusado en todas las etapas del proceso.

d. **Publicidad y Transparencia:** El juicio justo requiere que las audiencias y los debates judiciales se lleven a cabo de manera pública, salvo en casos excepcionales en los que se justifique la restricción de la publicidad por razones de seguridad, privacidad o interés público. La publicidad contribuye a la transparencia y la legitimidad del proceso judicial, permitiendo que la sociedad supervise y evalúe la administración de justicia.

e. **Derecho a un Juicio sin Dilaciones Indebidas:** El juicio justo garantiza que el proceso penal se desarrolle dentro de un plazo razonable, evitando dilaciones indebidas que puedan afectar los derechos de las partes y la eficacia del sistema de justicia penal.

En resumen, el principio del juicio justo en el proceso penal asegura que todas las personas involucradas en el proceso sean tratadas con equidad, imparcialidad y conforme a las normas del debido proceso legal. Este principio es esencial para garantizar la justicia, la legalidad y el respeto de los derechos humanos en el sistema de justicia penal.

4.5.7. Principio de oralidad.

El principio de oralidad en el proceso penal se refiere a la realización de las actuaciones judiciales de manera verbal y en presencia de las partes y el tribunal. Este principio busca promover la inmediación, la celeridad y la transparencia en el desarrollo del proceso penal, permitiendo un contacto directo entre los jueces, las partes y las pruebas presentadas.

Algunos aspectos clave del principio de oralidad en el proceso penal son:

a. **Audiencias Orales:** Las audiencias y los debates judiciales se llevan a cabo de manera oral, lo que implica que las partes exponen sus argumentos, interrogan a los testigos y presentan pruebas de forma verbal y en tiempo real ante el tribunal.

b. **Confrontación Directa:** El principio de oralidad permite la confrontación directa entre las partes y los testigos, así como entre las partes mismas, lo que facilita la evaluación de la credibilidad de los testimonios y la contradicción de las versiones presentadas.

c. **Inmediación:** La oralidad favorece la inmediación entre el tribunal y las partes, permitiendo una interacción directa y una mejor apreciación de las pruebas y los argumentos presentados, lo que contribuye a la toma de decisiones judiciales fundamentadas.

d. **Publicidad:** Las audiencias orales contribuyen a la publicidad y transparencia del proceso penal, ya que permiten que el público en general tenga acceso a las actuaciones judiciales y pueda observar el desarrollo del juicio de manera directa.

e. **Agilidad y Celeridad:** La oralidad promueve la agilidad y la celeridad en el proceso penal, ya que permite resolver los conflictos de manera más rápida y eficiente, evitando la acumulación de trámites burocráticos y la dilación de los procedimientos.

En resumen, el principio de oralidad en el proceso penal es una herramienta importante para garantizar la transparencia, la eficacia y la legitimidad del sistema de justicia penal. Al promover la realización de actuaciones judiciales de manera verbal y en presencia de las partes, este principio contribuye a la protección de los derechos de las personas involucradas en el proceso y a la búsqueda de la verdad procesal.

4.5.8. Principio de publicidad.

El principio de publicidad en el proceso penal establece que las actuaciones judiciales deben ser accesibles al público en general, salvo en casos excepcionales en los que se justifique la restricción de la publicidad por razones de seguridad, privacidad o interés público. Este principio es fundamental para garantizar la transparencia, la legitimidad y la confianza en el sistema de justicia penal, ya que permite que la sociedad supervise y evalúe la administración de justicia.

Algunos aspectos clave del principio de publicidad en el proceso penal son:

a. **Acceso a las Audiencias:** El principio de publicidad garantiza que las audiencias y los debates judiciales sean abiertos al público, lo que significa que cualquier persona puede asistir y presenciar las actuaciones judiciales, siempre y cuando no interfiera con el normal desarrollo del proceso.

b. **Divulgación de Información:** La publicidad implica que las resoluciones judiciales, las actuaciones procesales y la información relevante relacionada con el caso estén disponibles para el público en general, ya sea a través de medios de comunicación, registros judiciales o plataformas en línea.

c. **Control Social:** La publicidad del proceso penal permite que la sociedad supervise y evalúe el desempeño de los tribunales y las autoridades judiciales, promoviendo la rendición de cuentas, la transparencia y la legitimidad del sistema de justicia penal.

d. **Derecho a la Información:** El principio de publicidad garantiza el derecho de las personas a estar informadas sobre los casos judiciales de interés público y a conocer los fundamentos y las decisiones de los tribunales en relación con dichos casos.

e. **Limitaciones:** Aunque el principio de publicidad es fundamental, existen casos en los que se puede restringir la publicidad de las actuaciones judiciales por razones de seguridad, protección de la intimidad de las partes, protección de menores o preservación del orden público. Sin embargo, estas restricciones deben ser excepcionales y estar debidamente justificadas por el tribunal.

En resumen, el principio de publicidad en el proceso penal es esencial para garantizar la transparencia, la legitimidad y la confianza en el sistema de justicia penal. Al permitir que el público acceda y supervise las actuaciones judiciales, este principio contribuye a fortalecer el Estado de Derecho y a proteger los derechos fundamentales de las personas involucradas en el proceso penal.

4.5.9. Principio de contradicción.

El principio de contradicción en el proceso penal establece que las partes involucradas en el proceso tienen el derecho y la oportunidad de contradecir las alegaciones, pruebas y argumentos presentados por la otra parte. Este principio es fundamental para garantizar un juicio justo y equitativo, ya que permite que las partes confronten y cuestionen las pruebas y argumentos presentados en su contra, así como presentar sus propias pruebas y argumentos en su defensa.

Algunos aspectos clave del principio de contradicción en el proceso penal son:

a. **Derecho a la Defensa:** El principio de contradicción garantiza el derecho de las partes a ser escuchadas y a presentar pruebas y argumentos en su defensa durante el proceso penal. Esto incluye el derecho a interrogar a los testigos, impugnar las pruebas presentadas por la otra parte y presentar pruebas de descargo.

b. **Igualdad de Armas:** El principio de contradicción busca asegurar que las partes involucradas en el proceso penal tengan igualdad de oportunidades y recursos para presentar sus argumentos y pruebas ante el tribunal. Esto implica que ninguna parte debe tener una ventaja injusta sobre la otra y que el tribunal debe garantizar un equilibrio procesal entre las partes.

c. **Contradicción de Pruebas:** Las partes tienen el derecho y la oportunidad de contradecir las pruebas presentadas por la otra parte, cuestionando su autenticidad, veracidad y pertinencia. Esto permite que el tribunal evalúe de manera crítica las pruebas presentadas y determine su fuerza probatoria en función de los argumentos y contraargumentos presentados por ambas partes.

d. **Debate Equitativo:** El principio de contradicción promueve un debate equitativo y transparente entre las partes, permitiendo que se expongan y discutan los diferentes puntos de vista, interpretaciones y versiones de los hechos en disputa.

e. **Garantía de Imparcialidad:** La contradicción de las pruebas y argumentos permite que el tribunal tenga acceso a información completa y diversa para tomar decisiones imparciales y fundamentadas, evitando así la parcialidad y el sesgo en la valoración de las pruebas.

En resumen, el principio de contradicción en el proceso penal es esencial para garantizar la igualdad de armas, la defensa efectiva de las partes y la búsqueda de la verdad procesal. Al permitir que las partes confronten y cuestionen las pruebas y argumentos presentados por la otra parte, este principio contribuye a asegurar un juicio justo y equitativo conforme a las normas del debido proceso legal.

4.5.10. Principio de igualdad de las partes.

El principio de igualdad de las partes en el proceso penal establece que todas las partes involucradas en el proceso, tanto la acusación como la defensa, deben tener igualdad de oportunidades y recursos para ejercer sus derechos y presentar sus argumentos y pruebas ante el tribunal. Este principio es fundamental para garantizar un juicio justo y equitativo, en el que ninguna de las partes tenga una ventaja injusta sobre la otra y en el que se respeten los derechos fundamentales de todas las personas involucradas en el proceso penal.

Algunos aspectos clave del principio de igualdad de las partes en el proceso penal son:

a. **Derecho a la Defensa:** Todas las personas tienen derecho a ser asistidas por un abogado defensor competente y a presentar pruebas y argumentos en su defensa durante el proceso penal. El principio de igualdad de las partes asegura que la defensa tenga los recursos necesarios para ejercer estos derechos de manera efectiva y garantizar una defensa adecuada.

b. **Contradicción de Pruebas:** Las partes tienen el derecho y la oportunidad de contradecir las pruebas presentadas por la otra parte, cuestionando su autenticidad, veracidad y pertinencia. Esto garantiza que tanto la acusación como la defensa tengan la oportunidad de presentar sus versiones de los hechos y argumentar sus posiciones de manera equitativa.

c. **Acceso a la Información:** El principio de igualdad de las partes implica que ambas partes tienen derecho a acceder a la misma información y pruebas relevantes para el caso, garantizando así que estén en igualdad de condiciones para preparar sus argumentos y presentar su caso ante el tribunal.

d. **Igualdad de Recursos:** Las partes deben tener acceso a los mismos recursos y medios para ejercer sus derechos y presentar sus argumentos y pruebas ante el tribunal. Esto incluye el acceso a asistencia legal gratuita en caso de no poder costearla y la posibilidad de contar con peritos y testigos para respaldar sus argumentos.

e. **Garantía de Imparcialidad:** El principio de igualdad de las partes contribuye a asegurar que el tribunal tome decisiones imparciales y fundamentadas, basadas en la igualdad de oportunidades y recursos de ambas partes, evitando así la parcialidad y el sesgo en el proceso penal.

En resumen, el principio de igualdad de las partes en el proceso penal es esencial para garantizar un juicio justo y equitativo, en el que todas las personas involucradas tengan las mismas oportunidades y recursos para ejercer sus derechos y presentar su caso ante el tribunal. Al asegurar la igualdad de armas entre la acusación y la defensa, este principio contribuye a fortalecer la legitimidad y la confianza en el sistema de justicia penal.

4.5.11. Principio de legalidad de la prueba.

El principio de legalidad de la prueba en el proceso penal establece que todas las pruebas presentadas durante el proceso deben haber sido obtenidas de manera lícita y estar en conformidad con las normas y garantías procesales establecidas por la ley. Este principio es esencial para garantizar la integridad del proceso penal, proteger los derechos fundamentales de las partes y asegurar la fiabilidad y la legitimidad de las pruebas utilizadas para determinar la culpabilidad o inocencia de una persona.

Algunos aspectos clave del principio de legalidad de la prueba en el proceso penal son:

a. **Obtención Legal de las Pruebas:** Todas las pruebas presentadas durante el proceso penal deben haber sido obtenidas de manera legal y conforme a los procedimientos establecidos por la ley. Esto implica que las pruebas obtenidas mediante violaciones de derechos fundamentales, como la tortura, la coacción o la violación de la privacidad, no pueden ser admitidas como válidas en el proceso.

b. **Respeto a los Derechos Fundamentales:** El principio de legalidad de la prueba exige que se respeten los derechos fundamentales de las personas involucradas en el proceso, incluido el derecho a la intimidad, la dignidad y la inviolabilidad del domicilio. Las pruebas obtenidas mediante la violación de estos derechos no pueden ser admitidas como válidas en el proceso.

c. **Caducidad de la Prueba Ilícita:** Las pruebas obtenidas de manera ilícita están sujetas a la exclusión del proceso penal, lo que significa que no pueden ser utilizadas para fundamentar una acusación o una condena. Esta exclusión se fundamenta en el principio de legalidad de la prueba y busca proteger la integridad del proceso penal y los derechos de las partes.

d. **Control Judicial:** El principio de legalidad de la prueba implica que el tribunal debe realizar un control riguroso de la legalidad y la pertinencia de las pruebas presentadas durante el proceso, asegurándose de que cumplan con los requisitos establecidos por la ley y que no vulneren los derechos fundamentales de las partes.

e. **Garantía de Transparencia:** El principio de legalidad de la prueba promueve la transparencia y la confianza en el sistema de justicia penal, al asegurar que las pruebas utilizadas durante el proceso sean legales, fiables y pertinentes para la resolución del caso.

En resumen, el principio de legalidad de la prueba en el proceso penal es esencial para garantizar la integridad y la legitimidad del proceso, proteger los derechos fundamentales de las partes y asegurar la confianza en el sistema de justicia penal. Al garantizar que todas las pruebas presentadas sean obtenidas legalmente y respeten los derechos de las personas involucradas, este principio contribuye a asegurar un juicio justo y equitativo conforme a las normas del debido proceso legal.

4.6. Derechos y obligaciones en el proceso penal.

En el proceso penal, tanto las personas investigadas o acusadas como las partes acusadoras (fiscalía, acusación particular) tienen una serie de derechos y obligaciones que deben respetarse para garantizar un procedimiento justo y equitativo. A continuación, se enumeran algunos de los principales derechos y obligaciones de las partes involucradas en el proceso penal:

A. Derechos de las Personas Investigadas o Acusadas:

1. **Derecho a la Presunción de Inocencia:** Se presume que la persona investigada o acusada es inocente hasta que se demuestre su culpabilidad conforme a un juicio justo.

2. **Derecho a la Defensa:** La persona investigada o acusada tiene derecho a ser asistida por un abogado defensor durante todo el proceso penal.

3. **Derecho a Guardar Silencio:** La persona investigada o acusada tiene el derecho a no declarar en su contra y a no autoincriminarse, manteniendo el derecho a guardar silencio.

4. **Derecho a la Información:** Tiene derecho a ser informada de los cargos que se le imputan de manera clara y comprensible, así como de los derechos que le asisten durante el proceso.

5. **Derecho a Recurrir:** Tiene derecho a impugnar las decisiones judiciales ante instancias superiores y a obtener un recurso efectivo en caso de violación de sus derechos fundamentales.

B. Obligaciones de las Personas Investigadas o Acusadas:

1. **Obligación de Comparecer:** La persona investigada o acusada tiene la obligación de comparecer ante las autoridades judiciales cuando sea citada para ello, salvo causa justificada.

2. **Colaboración con la Justicia:** Tiene la obligación de colaborar con la justicia y de proporcionar información veraz y completa sobre los hechos investigados, en la medida de sus posibilidades.

3. **Respeto al Proceso:** Debe respetar las normas y procedimientos establecidos por la ley durante el proceso penal, así como las decisiones judiciales y las garantías procesales de las otras partes.

C. **Derechos de las Partes Acusadoras:**

1. **Derecho a la Presentación de Pruebas:** La fiscalía y la acusación particular tienen derecho a presentar pruebas y argumentos en apoyo de su acusación durante el proceso penal.

2. **Derecho a la Contradicción:** Tienen derecho a cuestionar y contradecir las pruebas y argumentos presentados por la defensa durante el proceso, así como a presentar pruebas en respuesta.

Obligaciones de las Partes Acusadoras:

1. **Respeto a los Derechos de las Personas Investigadas:** Deben respetar los derechos fundamentales de las personas investigadas o acusadas, garantizando su derecho a la defensa y a un juicio justo.

2. **Presentación de Pruebas Lícitas:** Deben asegurarse de que las pruebas presentadas durante el proceso penal hayan sido obtenidas de manera lícita y estén en conformidad con las normas procesales establecidas por la ley.

Estos son solo algunos ejemplos de los derechos y obligaciones de las personas investigadas o acusadas, así como de las partes acusadoras, en el proceso penal. Es importante tener en cuenta que estas garantías y responsabilidades están sujetas a las leyes y procedimientos específicos de cada sistema jurídico.

CAPÍTULO V

LA LEY PROCESAL PENAL

5.1. Conceptualización.

La ley procesal penal es una rama del derecho que establece los procedimientos y las normas que regulan la actuación de los órganos judiciales, las partes involucradas y otros actores en el desarrollo del proceso penal. En otras palabras, la ley procesal penal determina cómo se lleva a cabo la investigación, el enjuiciamiento y la resolución de los casos de naturaleza penal, asegurando que se respeten los derechos de las personas involucradas y que se garantice un juicio justo y equitativo.

La conceptualización de la ley procesal penal incluye los siguientes elementos:

a. **Normativa Procesal:** La ley procesal penal comprende un conjunto de normas y disposiciones legales que regulan el procedimiento penal, desde la fase de investigación hasta la ejecución de las sentencias.

b. **Protección de Derechos:** La ley procesal penal establece los mecanismos y garantías necesarias para proteger los derechos fundamentales de las personas involucradas en el proceso penal, como el derecho a la presunción de inocencia, el derecho a la defensa, el derecho a un juicio justo, entre otros.

c. **Organización Judicial:** La ley procesal penal determina la organización y competencia de los órganos judiciales encargados de conocer y resolver los casos penales, así como los procedimientos para la designación de jueces, fiscales y otros funcionarios judiciales.

d. **Procedimientos Penales:** La ley procesal penal establece los procedimientos que deben seguirse en cada etapa del proceso penal, desde la investigación inicial hasta la ejecución de las sentencias, incluyendo la forma en que se presentan las pruebas, se realizan los interrogatorios, se dictan las resoluciones judiciales, entre otros aspectos.

e. **Recursos y Remedios:** La ley procesal penal prevé los recursos y remedios legales disponibles para impugnar las decisiones judiciales, corregir errores procesales y proteger los derechos de las partes involucradas en el proceso penal.

En resumen, la ley procesal penal es un conjunto de normas y disposiciones legales que regulan el desarrollo del proceso penal, garantizando el respeto de los derechos fundamentales de las personas involucradas y la administración de justicia de manera justa y equitativa.

5.2. Fundamentos y naturaleza de la ley procesal penal.

Los fundamentos y la naturaleza de la ley procesal penal están estrechamente ligados a la protección de los derechos fundamentales de las personas, la búsqueda de la justicia y la garantía de un proceso penal justo y equitativo. A continuación, se describen algunos de los aspectos fundamentales que sustentan la ley procesal penal:

a. **Protección de los Derechos Fundamentales:** Uno de los fundamentos más importantes de la ley procesal penal es la protección de los derechos fundamentales de las personas involucradas en el proceso penal, tanto de las víctimas como de los acusados. Esto incluye el derecho a un juicio justo, el derecho a la defensa, el derecho a la presunción de inocencia, entre otros.

b. **Búsqueda de la Verdad:** La ley procesal penal tiene como objetivo principal la búsqueda de la verdad material en el proceso penal, es decir, determinar de manera objetiva y precisa lo que realmente sucedió en el caso en cuestión. Esto implica la recolección y valoración imparcial de las pruebas presentadas por las partes, así como la realización de un debate contradictorio y equitativo.

c. **Garantía de Legalidad y Seguridad Jurídica:** La ley procesal penal proporciona un marco legal claro y previsible para el desarrollo del proceso penal, asegurando que todas las actuaciones judiciales se realicen conforme a las normas y procedimientos establecidos por la ley. Esto garantiza la seguridad jurídica de las personas y fortalece la confianza en el sistema de justicia penal.

d. **Control del Poder Estatal:** La ley procesal penal establece mecanismos de control y limitación del ejercicio del poder estatal en el ámbito penal, asegurando que las autoridades judiciales actúen dentro de los límites establecidos por la ley y respeten los derechos de las personas.

e. **Equilibrio de Intereses:** La ley procesal penal busca equilibrar los intereses en conflicto en el proceso penal, como el interés del Estado en perseguir y sancionar los delitos, el interés de las víctimas en obtener justicia y reparación, y el interés de los acusados en ser tratados de manera justa y equitativa.

En resumen, los fundamentos y la naturaleza de la ley procesal penal están orientados hacia la protección de los derechos fundamentales, la búsqueda de la verdad, la garantía de legalidad y seguridad jurídica, el control del poder estatal y el equilibrio de intereses en el proceso penal. Estos principios son esenciales para asegurar un sistema de justicia penal justo, eficiente y respetuoso de los derechos humanos.

5.3. Reglas de interpretación de la ley procesal penal.

Las reglas de interpretación de la ley procesal penal son principios y métodos que se aplican para comprender y aplicar adecuadamente las disposiciones legales relacionadas con el proceso penal. Estas reglas son fundamentales para garantizar una interpretación coherente y consistente de la ley, así como para asegurar la correcta administración de justicia. Algunas de las reglas de interpretación más comunes en el ámbito procesal penal incluyen:

a. **Principio de Legalidad:** Este principio establece que las normas procesales penales deben interpretarse de manera estricta y literal, de acuerdo con el texto de la ley y su sentido gramatical, sin extender su alcance más allá de lo que expresamente se establece.

b. **Principio de Interpretación Conforme a la Constitución:** Las normas procesales penales deben interpretarse de conformidad con los principios y derechos consagrados en la Constitución, garantizando así la supremacía de la Carta Magna y la protección de los derechos fundamentales de las personas.

c. **Principio de Interpretación Teleológica o Finalista:** Esta regla establece que las normas procesales penales deben interpretarse en función de su finalidad o propósito, buscando alcanzar los objetivos de justicia, equidad y eficacia del proceso penal.

d. **Principio de Interpretación Integral:** Las normas procesales penales deben interpretarse de manera integral, considerando el conjunto del ordenamiento jurídico y las disposiciones legales relacionadas, así como los principios generales del derecho y la jurisprudencia relevante.

e. **Principio de Interpretación Restrictiva de las Excepciones:** Las excepciones y restricciones a los derechos procesales de las personas investigadas o acusadas deben interpretarse de manera restrictiva, es decir, en caso de duda, se debe favorecer la interpretación que garantice el ejercicio pleno de los derechos fundamentales.

f. **Principio de Interpretación Pro Reo:** Este principio establece que en caso de duda sobre el alcance o la aplicación de una norma procesal penal, se debe adoptar la interpretación más favorable para la persona investigada o acusada, en aras de proteger sus derechos fundamentales.

Estas son solo algunas de las reglas de interpretación que se aplican en el ámbito procesal penal. La correcta aplicación de estas reglas es fundamental para asegurar una interpretación coherente y conforme a derecho de las disposiciones legales relacionadas con el proceso penal, garantizando así la legalidad, la justicia y el respeto de los derechos humanos.

5.4. Reglas de aplicación de la ley procesal penal.

Las reglas de aplicación de la ley procesal penal son principios y criterios que guían la manera en que se deben aplicar las normas procesales penales en la práctica jurídica. Estas reglas son fundamentales para garantizar la coherencia, la uniformidad y la justicia en la administración de la ley. A continuación, se describen algunas de las reglas más importantes:

a. **Aplicación Temporal:** Las normas procesales penales se aplican de acuerdo con su vigencia en el tiempo. Esto significa que se deben aplicar las normas que estaban en vigor en el momento en que ocurrieron los hechos objeto del proceso penal, a menos que expresamente se disponga lo contrario.

b. **Aplicación Espacial:** Las normas procesales penales se aplican de acuerdo con su ámbito territorial de validez. Esto implica que las disposiciones legales de un país se aplican dentro de su territorio, salvo disposición en contrario o aplicación de tratados internacionales.

c. **Aplicación Subsidiaria:** Cuando existan lagunas o vacíos en la ley procesal penal, se pueden aplicar las normas generales de derecho procesal o los principios generales del derecho, siempre y cuando no sean contrarios a los principios y valores fundamentales del sistema legal.

d. **Aplicación Analógica:** En casos excepcionales, cuando una situación no esté expresamente regulada por la ley procesal penal pero sea similar a otra situación que sí lo esté, se puede aplicar la norma de manera analógica, siempre y cuando sea compatible con los principios y fines del derecho procesal penal.

e. **Aplicación Retroactiva Procesal en Favor del Reo:** Las normas procesales penales que beneficien al acusado pueden aplicarse retroactivamente, incluso si fueron promulgadas después de que ocurrieron los hechos objeto del proceso, siempre que no se afecte la seguridad jurídica ni se menoscaben los derechos de las partes.

f. **Aplicación Interpretativa:** En caso de duda sobre el alcance o la interpretación de una norma procesal penal, se debe realizar una interpretación conforme a la Constitución y a los principios fundamentales del derecho procesal penal, buscando siempre proteger los derechos fundamentales de las personas involucradas en el proceso.

Estas son algunas de las reglas de aplicación de la ley procesal penal que se utilizan para asegurar una correcta interpretación y aplicación de las normas procesales en el ámbito penal. La aplicación adecuada de estas reglas es esencial para garantizar la legalidad, la equidad y el respeto de los derechos humanos en el proceso penal.

CAPÍTULO VI

JURISDICCIÓN Y COMPETENCIA

6.1. Jurisdicción penal.

6.1.1. Conceptualización.

La jurisdicción penal se refiere al ámbito de competencia de los tribunales y autoridades encargadas de conocer y juzgar los delitos y las infracciones penales de acuerdo con las leyes y normativas establecidas en un determinado sistema legal. En otras palabras, la jurisdicción penal se refiere al poder que tienen los órganos judiciales para resolver conflictos y aplicar el derecho penal en casos concretos.

La conceptualización de la jurisdicción penal incluye los siguientes aspectos:

a. **Competencia Territorial:** La jurisdicción penal puede estar delimitada por criterios geográficos, de modo que un tribunal penal específico tiene competencia para conocer y juzgar los delitos cometidos dentro de su jurisdicción territorial.

b. **Competencia Material:** Se refiere al tipo de delitos o infracciones penales sobre los cuales tiene competencia un tribunal penal. Por ejemplo, algunos tribunales pueden tener competencia exclusiva para delitos graves, mientras que otros pueden ocuparse de delitos menores.

c. **Competencia Funcional:** Esta se relaciona con las funciones específicas que pueden ejercer los tribunales penales dentro del proceso penal, como la instrucción del caso, el enjuiciamiento y la ejecución de las sentencias.

d. **Competencia Personal:** Se refiere a la facultad de los tribunales para juzgar a determinadas personas en función de su vinculación con el caso, como su residencia, nacionalidad o lugar donde se cometió el delito.

En resumen, la jurisdicción penal es el poder conferido a los tribunales y autoridades competentes para conocer y resolver casos relacionados con la comisión de delitos dentro de un territorio determinado y de acuerdo con las leyes establecidas. Es un elemento fundamental para garantizar la administración de justicia en el ámbito penal y el respeto de los derechos de las personas involucradas en el proceso penal.

6.1.2. Principios.

Los principios de la jurisdicción penal son los fundamentos sobre los cuales se basa el ejercicio de la autoridad judicial en el ámbito penal. Estos principios son esenciales para garantizar la legalidad, la imparcialidad y la efectividad del sistema de justicia penal. Algunos de los principios más importantes de la jurisdicción penal incluyen:

a. **Principio de Legalidad:** Establece que los tribunales penales solo pueden ejercer su autoridad dentro de los límites establecidos por la ley. Esto implica que las actuaciones judiciales deben estar fundamentadas en normas y procedimientos legales previamente establecidos.

b. **Principio de Territorialidad:** Según este principio, la jurisdicción penal se extiende únicamente al territorio del Estado que la establece. Los tribunales penales solo pueden juzgar los delitos cometidos dentro de su territorio, a menos que existan acuerdos o tratados internacionales que establezcan lo contrario.

c. **Principio de Personalidad o Nacionalidad:** Establece que un Estado puede ejercer su jurisdicción penal sobre sus propios ciudadanos, independientemente de donde se haya cometido el delito. Este principio se basa en la protección de los intereses del Estado y en la obligación de garantizar la seguridad y el orden público dentro de su territorio.

d. **Principio de Universalidad:** Según este principio, ciertos delitos graves, como el genocidio, los crímenes de lesa humanidad y la tortura, pueden ser juzgados por cualquier Estado, independientemente de donde se hayan cometido, debido a su naturaleza especialmente grave y reprensible.

e. **Principio de Especialidad:** Se refiere a la limitación de la jurisdicción penal en el caso de extradiciones. Este principio establece que un individuo extraditado solo puede ser juzgado por los delitos específicos por los cuales fue solicitada su extradición, y no por otros delitos no contemplados en la solicitud.

f. **Principio de No Bis in Idem:** Este principio establece que una persona no puede ser juzgada dos veces por el mismo delito en el mismo Estado. Evita la duplicidad de procesos y garantiza la seguridad jurídica y la protección contra la doble exposición a la persecución penal.

Estos principios de la jurisdicción penal son fundamentales para garantizar que la autoridad judicial actúe dentro de los límites establecidos por la ley, respetando los derechos fundamentales de las personas y asegurando la efectividad y la imparcialidad del sistema de justicia penal.

6.1.3. Elementos.

Los elementos de la jurisdicción penal son los componentes fundamentales que conforman el ejercicio de la autoridad judicial en el ámbito penal. Estos elementos son necesarios para establecer la competencia de los tribunales y autoridades encargadas de conocer y resolver casos relacionados con la comisión de delitos. Los principales elementos de la jurisdicción penal incluyen:

a. **Territorio:** La jurisdicción penal se ejerce dentro de un territorio determinado, que puede ser un país, un estado, una provincia o cualquier otra división política. Los tribunales penales tienen competencia para conocer y juzgar los delitos cometidos dentro de su territorio.

b. **Personas:** La jurisdicción penal se aplica a personas concretas que están sujetas a la ley penal. Esto incluye a los presuntos autores de delitos, las víctimas y cualquier otra persona relacionada con el caso penal.

c. **Materia:** La jurisdicción penal se refiere a la competencia de los tribunales para conocer y resolver casos de naturaleza penal, es decir, aquellos que involucran la comisión de delitos y la aplicación del derecho penal.

d. **Tiempo:** La jurisdicción penal se ejerce en un momento específico, es decir, durante el periodo en el cual los hechos delictivos ocurrieron y están siendo investigados y enjuiciados.

e. **Órganos Judiciales:** Los tribunales y autoridades judiciales encargadas de administrar justicia en el ámbito penal son parte fundamental de la jurisdicción penal. Estos órganos judiciales deben cumplir con los procedimientos y normativas establecidos por la ley para garantizar un proceso justo y equitativo.

f. **Normativa Aplicable:** La jurisdicción penal se rige por un conjunto de normas y procedimientos establecidos por la ley para la investigación, enjuiciamiento y sanción de los delitos. Esta normativa incluye leyes penales, leyes procesales penales, tratados internacionales y otras disposiciones legales pertinentes.

En resumen, los elementos de la jurisdicción penal son el territorio, las personas, la materia, el tiempo, los órganos judiciales y la normativa aplicable que conforman el marco en el cual se ejerce la autoridad judicial en el ámbito penal. Estos elementos son esenciales para establecer la competencia de los tribunales y garantizar la efectividad y la imparcialidad del sistema de justicia penal.

6.2. Competencia penal.

6.2.1. Conceptualización.

La competencia penal se refiere al conjunto de facultades y atribuciones que tienen los órganos jurisdiccionales para conocer, juzgar y resolver casos de naturaleza penal dentro de un sistema legal determinado. Es decir, es la autoridad que tiene un tribunal o una autoridad judicial específica para intervenir en asuntos relacionados con la comisión de delitos y la aplicación de la ley penal.

La conceptualización de la competencia penal implica considerar varios aspectos:

a. **Ámbito Material:** Se refiere al tipo de delitos o infracciones penales sobre los cuales tiene competencia un tribunal penal. Por ejemplo, algunos tribunales pueden tener competencia exclusiva para delitos graves, como homicidio o violación, mientras que otros pueden ocuparse de delitos menores.

b. **Ámbito Territorial:** Establece la delimitación geográfica dentro de la cual un tribunal o autoridad judicial puede ejercer su competencia. Los tribunales penales generalmente tienen competencia dentro de un determinado territorio o jurisdicción territorial, aunque existen excepciones en casos de delitos transnacionales o que afecten a múltiples jurisdicciones.

c. **Ámbito Funcional:** Se refiere a las funciones y actividades que puede realizar un tribunal o autoridad judicial en el ejercicio de su competencia penal. Esto incluye la instrucción del caso, la realización del juicio oral, la emisión de resoluciones judiciales y la ejecución de las sentencias.

d. **Ámbito Temporal:** Se refiere al período de tiempo durante el cual un tribunal o autoridad judicial puede ejercer su competencia penal. Esto implica determinar si la competencia se aplica retroactivamente a hechos ocurridos en el pasado o si está limitada a casos presentes o futuros.

En resumen, la competencia penal es la autoridad conferida a los tribunales y autoridades judiciales para conocer y resolver casos relacionados con la comisión de delitos dentro de un territorio y de acuerdo con las leyes establecidas. Es un aspecto fundamental del sistema de justicia penal que garantiza la aplicación efectiva y equitativa de la ley penal y la protección de los derechos de las personas involucradas en el proceso.

6.2.2. Criterios para determinar la competencia.

Para determinar la competencia en un caso penal, se utilizan una serie de criterios que ayudan a establecer qué tribunal o autoridad judicial es el adecuado para conocer y resolver el asunto en cuestión. Algunos de los criterios más comunes son:

a. **Criterio Territorial:** Este criterio se basa en el lugar donde se cometió el delito. Generalmente, un tribunal tiene competencia para conocer de un caso si el delito se cometió dentro de su jurisdicción territorial. Este criterio es fundamental para determinar qué tribunal local tiene la autoridad para juzgar el caso.

b. **Criterio Material o Jerárquico:** Este criterio se refiere al tipo de delito o la gravedad del asunto. En algunos sistemas legales, se establece que ciertos tribunales tienen competencia exclusiva para conocer de delitos graves, mientras que otros se ocupan de infracciones menores. Además, en sistemas judiciales jerárquicos, se puede establecer que ciertos tribunales de mayor rango tienen competencia sobre casos más complejos o importantes.

c. **Criterio Funcional:** Este criterio se basa en las funciones específicas que puede ejercer un tribunal en el proceso penal. Por ejemplo, un tribunal de primera instancia puede tener competencia para realizar la instrucción del caso y celebrar el juicio oral, mientras que un tribunal de apelación puede tener competencia para revisar las decisiones de los tribunales inferiores.

d. **Criterio Personal o Subjetivo:** Este criterio se refiere a la persona o personas involucradas en el caso. Por ejemplo, un tribunal puede tener competencia para juzgar a un acusado si este tiene residencia o nacionalidad en el área de jurisdicción del tribunal.

e. **Criterio Temporal:** Este criterio se refiere al momento en que ocurrieron los hechos objeto del proceso penal. Los tribunales generalmente tienen competencia para conocer de un caso si los hechos ocurrieron durante el período de vigencia de la ley que establece su competencia.

Estos son algunos de los criterios más comunes utilizados para determinar la competencia en un caso penal. En la práctica, la determinación de la competencia puede ser compleja y puede requerir la aplicación de varios criterios en conjunto para resolver adecuadamente el asunto.

6.3. Cuestiones de competencia en materia procesal penal.

Las cuestiones de competencia en materia procesal penal se refieren a las disputas o controversias que surgen en relación con la jurisdicción de los tribunales y autoridades judiciales para conocer y resolver un caso penal específico. Estas cuestiones pueden surgir por diversas razones y pueden tener un impacto significativo en el desarrollo del proceso penal. Algunos ejemplos comunes de cuestiones de competencia en materia procesal penal incluyen:

a. **Competencia Territorial:** Se refiere a las disputas sobre qué tribunal tiene la autoridad para conocer de un caso penal en función del lugar donde se cometió el delito. Por ejemplo, puede surgir una disputa si se comete un delito en una zona limítrofe entre dos jurisdicciones y es necesario determinar qué tribunal tiene competencia para juzgar el caso.

b. **Competencia Material:** Se refiere a las disputas sobre qué tribunal tiene la autoridad para conocer de un caso en función del tipo de delito o la gravedad del asunto. Por ejemplo, puede surgir una disputa si un tribunal de menor instancia intenta conocer de un delito grave que, según la ley, debería ser competencia de un tribunal de mayor instancia.

c. **Competencia Funcional:** Se refiere a las disputas sobre qué tribunal tiene la autoridad para realizar determinadas funciones o procedimientos dentro del proceso penal. Por ejemplo, puede surgir una disputa sobre si un tribunal de apelación tiene competencia para revisar una decisión de un tribunal de primera instancia o si un tribunal especializado tiene competencia para conocer de un caso específico.

d. **Competencia Personal o Subjetiva:** Se refiere a las disputas sobre si un tribunal tiene la autoridad para juzgar a una persona específica en función de su residencia, nacionalidad u otros factores personales. Por ejemplo, puede surgir una disputa sobre si un tribunal local tiene competencia para juzgar a un acusado que reside en otro estado o país.

e. **Competencia Temporal:** Se refiere a las disputas sobre si un tribunal tiene la autoridad para conocer de un caso en función del momento en que ocurrieron los hechos objeto del proceso penal. Por ejemplo, puede surgir una disputa sobre si un tribunal tiene competencia para conocer de un delito que ocurrió antes de que entrara en vigor una nueva ley que amplía su jurisdicción.

Estas son algunas de las cuestiones de competencia más comunes en materia procesal penal. Resolver estas disputas de manera adecuada y conforme a derecho es fundamental para garantizar la legalidad y la justicia en el proceso penal.

CAPÍTULO VII

LA RELACIÓN JURÍDICA PROCESAL PENAL

7.1. Conceptualización.

La relación jurídica procesal es un concepto fundamental en el derecho procesal que describe la relación que se establece entre las partes involucradas en un proceso judicial, así como entre estas partes y el órgano jurisdiccional encargado de resolver el conflicto. Se caracteriza por ser una relación de carácter jurídico que se crea en virtud del ejercicio de la acción procesal y la respuesta a esta por parte de los sujetos del proceso.

En otras palabras, la relación jurídica procesal surge cuando una persona (demandante, querellante o acusador) ejerce su derecho de acceso a la justicia y presenta una demanda o denuncia ante el tribunal competente, dando inicio al proceso judicial. A partir de este momento, se establece una relación jurídica entre el demandante y el demandado, así como entre ambas partes y el órgano jurisdiccional.

La relación jurídica procesal se caracteriza por los siguientes elementos:

a. **Sujetos:** Son las partes involucradas en el proceso judicial, que pueden ser el demandante, el demandado, los terceros afectados, así como el juez o tribunal encargado de resolver el conflicto.

b. **Objeto:** Es el conflicto o litigio que da origen al proceso judicial y que constituye el objeto de la controversia entre las partes. Puede ser un derecho discutido, una pretensión, una reclamación, entre otros.

c. **Pretensión:** Es la solicitud o reclamación que una parte plantea ante el tribunal en busca de una solución a su favor. Puede consistir en obtener una declaración de derechos, una condena, una indemnización, entre otros.

d. **Actos Procesales:** Son las actuaciones que realizan las partes y el tribunal en el curso del proceso judicial para hacer valer sus derechos y defender sus intereses. Incluyen la presentación de escritos, la práctica de pruebas, las resoluciones judiciales, entre otros.

e. **Efectos Jurídicos:** Son las consecuencias jurídicas que se derivan de la relación jurídica procesal, como la vinculación de las partes a las decisiones del tribunal, la ejecución de las sentencias, la protección de los derechos fundamentales, entre otros.

En resumen, la relación jurídica procesal es la conexión jurídica que se establece entre las partes y el órgano jurisdiccional en un proceso judicial, y que se caracteriza por la existencia de sujetos, un objeto de controversia, pretensiones, actos procesales y efectos jurídicos. Es un concepto esencial para comprender la dinámica y el funcionamiento del sistema de justicia.

7.2. Objeto de la relación jurídica procesal penal.

El objeto de la relación jurídica procesal penal se refiere al conflicto o litigio penal que da origen al proceso judicial y que constituye el centro de la controversia entre las partes involucradas en el mismo. Es decir, es el tema sobre el cual versará el proceso penal y que será objeto de análisis, debate y resolución por parte del órgano jurisdiccional competente.

El objeto de la relación jurídica procesal penal puede variar dependiendo de la naturaleza del caso y de las circunstancias específicas del delito que se esté juzgando. Algunos ejemplos comunes de objetos de la relación jurídica procesal penal incluyen:

a. **Delitos y Crímenes:** El objeto del proceso penal puede ser la acusación o imputación de un delito o crimen específico, como el homicidio, el robo, la estafa, la violación, entre otros.

b. **Infracciones Penales:** También puede referirse a la violación de normativas legales o administrativas que constituyen faltas o infracciones penales, como las infracciones de tráfico, las faltas administrativas o las contravenciones a las leyes de orden público.

c. **Incumplimiento de Normativas Específicas:** Puede ser el incumplimiento de normativas especiales, como las leyes de protección ambiental, de protección del consumidor, de seguridad laboral, entre otras, que son objeto de persecución penal.

d. **Conflictos entre Partes:** En algunos casos, el objeto del proceso penal puede ser un conflicto entre dos o más partes, como en el caso de disputas entre vecinos, entre empresas competidoras, entre socios, entre cónyuges, entre otros, que pueden dar lugar a la comisión de delitos o a la interposición de denuncias penales.

En resumen, el objeto de la relación jurídica procesal penal es el tema o asunto sobre el cual versará el proceso judicial penal y que constituye el centro de la controversia entre las partes involucradas. Es el motivo por el cual se inicia el proceso y el foco de atención de las actuaciones judiciales en busca de su esclarecimiento y resolución.

7.3. Sujetos procesales.

Los sujetos procesales son las personas o entidades que intervienen en un proceso judicial penal y que tienen derechos, deberes, facultades y responsabilidades dentro del mismo. En el contexto de la relación jurídica procesal penal, los principales sujetos procesales son:

a. **Acusador Particular o Querellante:** Es la persona física o jurídica que ha sido víctima de un delito y que, en virtud de ello, ejerce su derecho a acusar al presunto responsable ante los tribunales. En algunos sistemas legales, esta figura puede estar representada por un abogado particular o por el Ministerio Público.

b. **Acusado o Imputado:** Es la persona contra quien se dirige la acusación de haber cometido un delito. Tiene derecho a defenderse de las acusaciones presentadas en su contra y a ser juzgado de acuerdo con las garantías procesales establecidas en la ley.

c. **Ministerio Público:** Es una institución encargada de velar por el cumplimiento de la ley y de representar los intereses de la sociedad en el proceso penal. Tiene la facultad de promover la acción penal, investigar los delitos, presentar acusaciones, solicitar medidas cautelares y dirigir la investigación penal.

d. **Juez o Tribunal:** Es el órgano encargado de administrar justicia y de resolver el conflicto penal mediante la aplicación de la ley. Tiene la facultad de dirigir el proceso, dictar resoluciones, valorar las pruebas, emitir sentencias y garantizar el debido proceso.

e. **Defensor o Abogado Defensor:** Es la persona encargada de representar y asistir legalmente al acusado durante el proceso penal. Tiene la responsabilidad de proteger los derechos y garantías de su cliente, así como de presentar argumentos y pruebas en su favor.

f. **Testigos:** Son las personas que han presenciado los hechos relacionados con el delito y que pueden aportar información relevante para esclarecer los hechos y determinar la responsabilidad penal del acusado.

g. **Peritos:** Son expertos en diversas áreas del conocimiento que son llamados a declarar en el proceso penal para proporcionar opiniones especializadas sobre cuestiones técnicas, científicas o profesionales relevantes para el caso.

Estos son algunos de los principales sujetos procesales que intervienen en la relación jurídica procesal penal. Cada uno de ellos desempeña un papel fundamental en el desarrollo del proceso judicial y en la búsqueda de la verdad y la justicia.

7.4. Sujetos procesales indispensables.

7.4.1. Juez penal.

El juez penal desempeña un papel central en la relación jurídica procesal penal, ya que es el encargado de administrar justicia y de garantizar que el proceso se desarrolle de manera conforme a la ley y respetando los derechos de todas las partes involucradas. Su función principal es la de impartir justicia de manera imparcial, equitativa y en consonancia con los principios del derecho penal y procesal penal. A continuación, se detallan algunas de las funciones y responsabilidades más importantes del juez penal en la relación jurídica procesal penal:

a. **Dirección del Proceso:** El juez penal tiene la responsabilidad de dirigir el proceso penal desde su inicio hasta su conclusión, garantizando que se cumplan los plazos procesales, se respeten los derechos de las partes y se resuelvan los conflictos de manera efectiva y oportuna.

b. **Control del Debate:** Durante el desarrollo del proceso penal, el juez penal tiene la facultad de controlar el debate entre las partes, asegurando que se respeten las normas de procedimiento y que se permita a cada parte ejercer su derecho de defensa y de contradicción.

c. **Resolución de Incidentes:** El juez penal debe resolver los incidentes que se presenten durante el proceso, como las excepciones, los incidentes de nulidad, las peticiones de las partes, entre otros, garantizando que se resuelvan de manera justa y conforme a derecho.

d. **Valoración de Pruebas:** El juez penal tiene la responsabilidad de valorar las pruebas presentadas por las partes durante el proceso, determinando su pertinencia, fiabilidad y relevancia para la resolución del caso.

e. **Emisión de Resoluciones:** El juez penal emite resoluciones judiciales que regulan el desarrollo del proceso, como autos, providencias, sentencias, entre otros, asegurando que se motiven adecuadamente y que se fundamenten en la ley y en los hechos probados en el proceso.

f. **Impartición de Justicia:** Finalmente, el juez penal es el encargado de dictar sentencia al término del proceso, resolviendo el conflicto penal de manera justa y equitativa, y aplicando las sanciones correspondientes de acuerdo con la ley y los principios de proporcionalidad y legalidad.

En resumen, el juez penal juega un papel fundamental en la relación jurídica procesal penal, siendo el garante de los derechos de las partes, el director del proceso y el encargado de impartir justicia de manera imparcial y conforme a derecho. Su actuación es esencial para asegurar la legalidad, la equidad y la eficacia del sistema de justicia penal.

7.4.2.   El Ministerio Público.

El Ministerio Público desempeña un papel fundamental en la relación jurídica procesal penal. Sus funciones y responsabilidades incluyen:

a. **Ejercer la Acción Penal:** El Ministerio Público tiene la facultad de iniciar y dirigir la acción penal en nombre del Estado. Esto implica la investigación de los delitos, la presentación de acusaciones formales contra los presuntos responsables y la representación de la sociedad en el proceso penal.

b. **Investigar los Delitos:** El Ministerio Público está encargado de dirigir las investigaciones penales para esclarecer los hechos, recopilar pruebas y determinar la responsabilidad penal de los presuntos infractores. Esto incluye la coordinación con las autoridades policiales, la realización de diligencias de investigación y la entrevista a testigos y víctimas.

c. **Promover la Aplicación de la Ley:** El Ministerio Público tiene la responsabilidad de velar por el cumplimiento de la ley y la protección de los derechos de las víctimas y de la sociedad en general. Esto implica la vigilancia de la legalidad en el proceso penal y la solicitud de medidas cautelares para garantizar la seguridad y comparecencia de los imputados.

d. **Dirigir el Debate Oral:** Durante el juicio oral, el Ministerio Público tiene la facultad de presentar las pruebas y argumentos en apoyo de la acusación, interrogar a los testigos y peritos, y realizar alegatos finales. Su objetivo es demostrar la culpabilidad del acusado más allá de toda duda razonable.

e. **Velar por los Derechos de las Víctimas:** El Ministerio Público tiene la obligación de proteger y representar los intereses de las víctimas del delito en el proceso penal. Esto incluye la asistencia y el apoyo a las víctimas durante el proceso judicial, así como la solicitud de medidas de protección y reparación para las víctimas afectadas.

En resumen, el Ministerio Público desempeña un papel activo y preponderante en la relación jurídica procesal penal, ejerciendo la acción penal en nombre del Estado, investigando los delitos, promoviendo la aplicación de la ley, dirigiendo el debate oral y velando por los derechos de las víctimas. Su labor es fundamental para garantizar la legalidad, la imparcialidad y la efectividad del sistema de justicia penal.

7.4.3. El inculpado.

El inculpado, también conocido como acusado o imputado, juega un papel crucial en la relación jurídica procesal penal. Sus derechos y responsabilidades son protegidos y regulados por las leyes y los principios del debido proceso. A continuación, se destacan algunas de las funciones y responsabilidades del inculpado en la relación jurídica procesal penal:

a. **Derecho a la Defensa:** El inculpado tiene el derecho fundamental a ser asistido por un abogado defensor durante todas las etapas del proceso penal. Este derecho asegura que el inculpado esté debidamente representado y pueda ejercer plenamente su derecho de defensa.

b. **Derecho a Guardar Silencio:** El inculpado tiene el derecho a no declarar en su contra y a no autoincriminarse. Este derecho está protegido por el principio de no autoincriminación y garantiza que el inculpado no sea obligado a declarar en su contra durante el proceso penal.

c. **Derecho a Conocer los Cargos:** El inculpado tiene el derecho a ser informado de manera clara y precisa sobre los cargos que se le imputan y los hechos que se le atribuyen. Este derecho le permite al inculpado preparar su defensa de manera adecuada y entender la naturaleza de las acusaciones en su contra.

d. **Derecho a Presentar Pruebas:** El inculpado tiene el derecho a presentar pruebas en su defensa y a impugnar las pruebas presentadas en su contra por el Ministerio Público u otras partes. Este derecho le permite al inculpado proporcionar evidencia que pueda respaldar su versión de los hechos y refutar las acusaciones en su contra.

e. **Derecho a un Juicio Justo:** El inculpado tiene el derecho a ser juzgado de manera justa e imparcial por un tribunal competente y en conformidad con las leyes y los principios del debido proceso. Este derecho garantiza que el inculpado reciba un juicio justo y equitativo, con todas las garantías procesales necesarias para proteger sus derechos fundamentales.

En resumen, el inculpado desempeña un papel activo en la relación jurídica procesal penal al ejercer sus derechos de defensa y al participar en el proceso judicial de manera activa y responsable. Su papel es fundamental para asegurar la legalidad, la imparcialidad y la justicia en el sistema de justicia penal.

7.5. Sujetos procesales principales no indispensables.

7.5.1. La parte civil.

La parte civil, también conocida como querellante o acusador particular en algunos sistemas legales, desempeña un papel importante en la relación jurídica procesal penal. Su participación se distingue de la del Ministerio Público, ya que actúa en nombre de la víctima del delito y persigue intereses particulares en el proceso penal. A continuación, se destacan algunas de las funciones y responsabilidades de la parte civil en la relación jurídica procesal penal:

a. **Ejercicio de la Acción Penal:** La parte civil tiene el derecho de ejercer la acción penal, presentando una denuncia o querella ante las autoridades competentes en nombre de la víctima del delito. En algunos sistemas legales, esta acción puede ser presentada de manera independiente o en conjunto con la acción penal promovida por el Ministerio Público.

b. **Representación de los Intereses de la Víctima:** La parte civil representa los intereses de la víctima del delito en el proceso penal, buscando obtener justicia, reparación y compensación por los daños sufridos como consecuencia del delito. Actúa como una voz para la víctima y busca obtener una resolución favorable en su nombre.

c. **Presentación de Pruebas y Alegatos:** La parte civil tiene la facultad de presentar pruebas y alegatos en apoyo de su reclamación, aportando evidencia que respalde los hechos denunciados y las pretensiones de la víctima. Esto puede incluir la presentación de testimonios, documentos, peritajes y otros elementos de prueba relevantes para el caso.

d. **Solicitud de Medidas Cautelares:** La parte civil puede solicitar al tribunal la adopción de medidas cautelares destinadas a garantizar la seguridad y protección de la víctima durante el proceso penal, así como para asegurar la comparecencia del imputado y la preservación de la evidencia.

e. **Participación en el Juicio Oral:** La parte civil tiene el derecho de participar en el juicio oral, presentando sus argumentos y pruebas ante el tribunal y interrogando a los testigos y peritos. Su participación contribuye a esclarecer los hechos del caso y a obtener una resolución justa y equitativa.

En resumen, la parte civil desempeña un papel importante en la relación jurídica procesal penal al representar los intereses de la víctima del delito y buscar obtener justicia y reparación por los daños sufridos. Su participación contribuye al desarrollo del proceso penal y a la protección de los derechos de las víctimas en el sistema de justicia penal.

7.5.2. Tercero civilmente responsable.

El tercero civilmente responsable es una figura que puede intervenir en la relación jurídica procesal penal cuando se discute la responsabilidad civil derivada de un delito. Su papel y participación en el proceso pueden variar dependiendo del sistema legal y las circunstancias específicas del caso, pero en general, sus funciones incluyen:

a. **Participación en el Proceso Penal:** El tercero civilmente responsable puede intervenir en el proceso penal como parte interesada en la discusión sobre la responsabilidad civil derivada del delito. Esto puede ocurrir cuando se discute la reparación del daño causado por el delito y se determina quién debe indemnizar a la víctima.

b. **Defensa de sus Intereses:** El tercero civilmente responsable tiene el derecho de defender sus intereses y argumentar en contra de la imputación de responsabilidad civil en su contra. Puede presentar pruebas y alegatos destinados a demostrar que no tiene responsabilidad en el delito o que su participación en el mismo es limitada.

c. **Cumplimiento de Obligaciones Civiles:** En caso de que se determine su responsabilidad civil, el tercero civilmente responsable está obligado a cumplir con las obligaciones civiles derivadas del delito, como la indemnización de los daños y perjuicios causados a la víctima. Esto puede implicar el pago de una compensación económica o la adopción de otras medidas de reparación.

d. **Impugnación de la Responsabilidad:** El tercero civilmente responsable puede impugnar la responsabilidad que se le atribuye, argumentando que no ha contribuido de manera directa o indirecta a la comisión del delito o que su responsabilidad es menor de lo que se pretende. Puede presentar pruebas y argumentos en apoyo de su defensa.

En resumen, el tercero civilmente responsable juega un papel importante en la relación jurídica procesal penal cuando se discute la responsabilidad civil derivada de un delito. Su participación en el proceso puede influir en la determinación de la responsabilidad y en la reparación del daño causado a la víctima, contribuyendo así a la justicia y equidad en el sistema de justicia penal.

7.6. Sujetos procesales secundarios.

7.6.1. La policía nacional.

La Policía Nacional desempeña un papel crucial en la relación jurídica procesal penal, especialmente en las etapas iniciales de la investigación de un delito y en la recopilación de pruebas. Su función principal es garantizar el cumplimiento de la ley y llevar a cabo las investigaciones necesarias para esclarecer los hechos y recopilar evidencia que pueda ser utilizada en el proceso penal. A continuación, se destacan algunas de las funciones y responsabilidades de la Policía Nacional en la relación jurídica procesal penal:

a. **Investigación de Delitos:** La Policía Nacional está encargada de investigar los delitos que sean reportados o que lleguen a su conocimiento. Esto implica la recopilación de información, la entrevista a testigos y víctimas, la inspección de la escena del crimen y la búsqueda de pruebas que puedan ayudar a identificar a los responsables.

b. **Recopilación de Pruebas:** La Policía Nacional tiene la responsabilidad de recopilar pruebas que puedan ser utilizadas en el proceso penal, como testimonios, documentos, registros, videos, fotografías, muestras forenses, entre otros. Estas pruebas son fundamentales para establecer la verdad de los hechos y determinar la responsabilidad penal de los involucrados.

c. **Detención de Personas:** En el ejercicio de sus funciones, la Policía Nacional puede proceder a la detención de personas sospechosas de haber cometido un delito. Esto se realiza de acuerdo con las leyes y procedimientos establecidos, respetando los derechos fundamentales de los detenidos y garantizando su integridad física y sus derechos procesales.

d. **Colaboración con el Ministerio Público:** La Policía Nacional trabaja en estrecha colaboración con el Ministerio Público durante la investigación de los delitos. Proporciona información, pruebas y testimonios que pueden ser utilizados por el fiscal en el proceso penal, facilitando así la acción de la justicia.

e. **Protección de la Escena del Crimen:** La Policía Nacional tiene la responsabilidad de proteger la escena del crimen y preservar la evidencia física que pueda ser relevante para la investigación. Esto incluye asegurar el área, evitar la contaminación de las pruebas y tomar las medidas necesarias para garantizar la integridad de la escena.

En resumen, la Policía Nacional desempeña un papel fundamental en la relación jurídica procesal penal al investigar los delitos, recopilar pruebas, detener a los sospechosos, colaborar con el Ministerio Público y proteger la escena del crimen. Su labor contribuye al esclarecimiento de los hechos, a la identificación de los responsables y al mantenimiento del orden público y la seguridad ciudadana.

7.6.2. El Ministerio de la Defensa.

El Ministerio de la Defensa, también conocido como Ministerio de Defensa Nacional en algunos países, generalmente no tiene un papel directo en la relación jurídica procesal penal en el sentido tradicional. En muchos sistemas legales, el Ministerio de la Defensa se encarga principalmente de la formulación y ejecución de políticas relacionadas con la defensa nacional, las fuerzas armadas y la seguridad nacional, y no está directamente involucrado en el proceso judicial penal.

Sin embargo, en algunos casos excepcionales, el Ministerio de la Defensa podría estar involucrado en aspectos específicos de la relación jurídica procesal penal, especialmente en situaciones que involucren a miembros de las fuerzas armadas o cuestiones relacionadas con la seguridad nacional. Algunas de las posibles áreas de participación podrían incluir:

a. **Casos de Jurisdicción Militar:** En algunos países, los miembros de las fuerzas armadas pueden estar sujetos a la jurisdicción militar en lugar de la jurisdicción civil para ciertos delitos o infracciones cometidas en el ejercicio de sus funciones. En estos casos, el Ministerio de la Defensa podría estar involucrado en la coordinación y supervisión de los procedimientos judiciales militares.

b. **Asesoramiento Legal:** El Ministerio de la Defensa podría proporcionar asesoramiento legal a sus miembros en relación con cuestiones legales o procesales que surjan durante el proceso penal, especialmente si se trata de asuntos que afectan los derechos o intereses de las fuerzas armadas o la seguridad nacional.

c. **Colaboración con las Autoridades Civiles:** En casos que involucren a miembros de las fuerzas armadas que estén sujetos a la jurisdicción civil, el Ministerio de la Defensa podría colaborar con las autoridades civiles proporcionando información relevante o cooperando en la investigación de los hechos.

En resumen, aunque el Ministerio de la Defensa generalmente no tiene un papel directo en la relación jurídica procesal penal, podría estar involucrado en aspectos específicos relacionados con la jurisdicción militar, la defensa legal de sus miembros o la colaboración con las autoridades civiles en casos que afecten los intereses de las fuerzas armadas o la seguridad nacional. Su participación en estos casos puede variar según las leyes y regulaciones de cada país.

CAPÍTULO VIII

LA ACCIÓN PENAL

8.1. Conceptualización.

La acción penal es un concepto fundamental en el derecho procesal penal que se refiere al derecho y la facultad que tiene el Estado para perseguir y sancionar los delitos cometidos por individuos en violación de la ley penal. En otras palabras, la acción penal es el poder que tiene el Estado para iniciar y dirigir el proceso judicial penal contra aquellos que han infringido las normas penales.

Algunos aspectos importantes de la acción penal incluyen:

a. **Monopolio Estatal:** La acción penal es un atributo exclusivo del Estado, lo que significa que solo el Estado, a través de sus órganos competentes (como el Ministerio Público), tiene la facultad de iniciar y dirigir el proceso penal contra los presuntos infractores de la ley penal.

b. **Interés Público:** La acción penal se ejerce en interés de la sociedad en su conjunto, con el objetivo de mantener el orden público, prevenir la comisión de delitos y proteger los derechos y la seguridad de los ciudadanos.

c. **Persecución de Delitos:** La acción penal implica la investigación, persecución y enjuiciamiento de los delitos cometidos por individuos, con el fin de aplicar las sanciones correspondientes establecidas por la ley penal.

d. **Garantía de Legalidad:** La acción penal está sujeta a los principios de legalidad y debido proceso, lo que significa que debe estar fundamentada en la ley y respetar los derechos y garantías procesales de los imputados, incluyendo el derecho a la defensa y el principio de presunción de inocencia.

En resumen, la acción penal es el derecho y la facultad que tiene el Estado para perseguir y sancionar los delitos, y es ejercida en interés del orden público y la seguridad ciudadana. Es un instrumento fundamental para mantener la paz social y proteger los derechos y libertades de los individuos en una sociedad democrática y basada en el Estado de Derecho.

8.2. Naturaleza.

La naturaleza de la acción penal es un concepto que se refiere a la esencia y características fundamentales de la facultad del Estado para perseguir y sancionar los delitos. La acción penal tiene varias dimensiones que definen su naturaleza:

a. **Pública:** La acción penal es de naturaleza pública, ya que se ejerce en nombre del Estado y en interés de la sociedad en su conjunto. Su propósito principal es proteger el orden público, prevenir la comisión de delitos y garantizar la seguridad y el bienestar de los ciudadanos.

b. **Monopolio Estatal:** La acción penal es un atributo exclusivo del Estado, lo que significa que solo el Estado, a través de sus órganos competentes como el Ministerio Público, tiene la facultad de iniciar y dirigir el proceso penal contra los presuntos infractores de la ley penal.

c. **Coercitiva:** La acción penal implica el uso legítimo de la fuerza por parte del Estado para investigar, perseguir y sancionar los delitos. Esta facultad coercitiva permite al Estado imponer medidas restrictivas de libertad y otras sanciones en caso de comisión de delitos.

d. **Instrumento de Justicia:** La acción penal tiene como objetivo principal la administración de justicia y la aplicación de la ley penal. Busca garantizar que los responsables de cometer delitos sean llevados ante la justicia, juzgados de acuerdo con las normas legales y, si son encontrados culpables, sean sancionados de manera proporcional a la gravedad de sus actos.

e. **Garantía de Legalidad y Debido Proceso:** La acción penal está sujeta a los principios de legalidad y debido proceso, lo que significa que debe estar fundamentada en la ley y respetar los derechos y garantías procesales de los imputados, incluyendo el derecho a la defensa, la presunción de inocencia, el derecho a un juicio justo y otros derechos fundamentales.

En resumen, la naturaleza de la acción penal se caracteriza por ser pública, coercitiva, exclusiva del Estado, un instrumento de justicia y estar sujeta a los principios de legalidad y debido proceso. Su ejercicio es fundamental para mantener el orden social, proteger los derechos de los ciudadanos y garantizar la paz y la seguridad en una sociedad democrática y basada en el Estado de Derecho.

8.3.   Titularidad de la acción penal.

La titularidad de la acción penal se refiere al sujeto que tiene la facultad de ejercerla en nombre del Estado. En la mayoría de los sistemas legales, la titularidad de la acción penal recae en el Estado mismo, específicamente en el Ministerio Público o la fiscalía, como representante del interés público. Las características importantes de la titularidad de la acción penal son:

a. **Monopolio Estatal:** La acción penal es un atributo exclusivo del Estado, lo que significa que solo el Estado tiene la facultad de iniciar y dirigir el proceso penal contra los presuntos infractores de la ley penal. Esto se conoce como el principio del monopolio estatal de la acción penal.

b. **Representación del Interés Público:** El Ministerio Público actúa en nombre de la sociedad en su conjunto, representando el interés público en la persecución y sanción de los delitos. Su función es buscar la administración de justicia y proteger los derechos y la seguridad de los ciudadanos.

c. **Independencia y Autonomía:** Aunque el Ministerio Público está vinculado al Poder Ejecutivo en muchos países, generalmente goza de independencia funcional y autonomía en el ejercicio de sus funciones. Esto le permite actuar de manera imparcial y objetiva en el ejercicio de la acción penal, sin influencias externas indebidas.

d. **Discrecionalidad:** El Ministerio Público tiene cierta discrecionalidad para decidir si inicia o no un proceso penal contra una persona sospechosa de cometer un delito. Esta discrecionalidad se ejerce con base en criterios legales y de interés público, y puede tener en cuenta factores como la gravedad del delito, la existencia de pruebas suficientes y el interés de la sociedad en la persecución del delito.

En resumen, la titularidad de la acción penal recae en el Estado, específicamente en el Ministerio Público o la fiscalía, como representante del interés público. Esta facultad exclusiva del Estado es fundamental para garantizar la protección de los derechos y la seguridad de los ciudadanos y para mantener el orden y la paz social en una sociedad democrática y basada en el Estado de Derecho.

8.4. Modos de ejercicio de la acción penal.

Los modos de ejercicio de la acción penal se refieren a las diferentes formas en que el Estado puede ejercer su facultad de persecución y sanción de los delitos. Estos modos pueden variar según el sistema legal de cada país y las disposiciones específicas de su legislación penal. A continuación, se describen algunos de los modos comunes de ejercicio de la acción penal:

a. **De Oficio:** El ejercicio de la acción penal de oficio ocurre cuando el Ministerio Público o la fiscalía inician un proceso penal sin necesidad de que exista una denuncia previa por parte de la víctima u otra persona. Esta modalidad se aplica principalmente en casos graves o de interés público, donde la persecución del delito es considerada necesaria para proteger los derechos y la seguridad de la sociedad.

b. **Por Denuncia de Parte:** En algunos casos, la acción penal puede iniciarse a partir de una denuncia presentada por la víctima del delito o por otra persona que tenga conocimiento de los hechos. La denuncia de parte es un medio por el cual cualquier ciudadano puede poner en conocimiento de las autoridades la comisión de un delito, lo que puede dar lugar a la apertura de una investigación penal y el inicio de un proceso judicial.

c. **Por Querella:** La querella es una forma específica de denuncia en la que la víctima del delito o su representante legal solicita expresamente al Ministerio Público que inicie acciones penales contra el presunto responsable. Este modo de ejercicio de la acción penal se aplica principalmente en casos donde la ley exige la presentación de una querella por parte de la víctima para que se inicie el proceso penal.

d. **De Acción Privada:** Algunos delitos pueden ser perseguibles únicamente a instancia de parte, lo que significa que la acción penal solo puede iniciarse si la víctima presenta una querella o denuncia formal ante las autoridades competentes. Estos delitos suelen ser de carácter más privado y pueden incluir delitos de injuria, calumnia, difamación, entre otros.

e. **Por Instancia de las Partes:** En ciertos casos, las partes involucradas en un proceso penal pueden tener la facultad de impulsar la acción penal y solicitar la prosecución del proceso, presentando pruebas y argumentos en apoyo de sus pretensiones.

Estos son algunos de los modos comunes de ejercicio de la acción penal, los cuales pueden variar en función de las disposiciones legales y procesales de cada sistema jurídico. La elección del modo de ejercicio de la acción penal dependerá de las circunstancias específicas de cada caso y de las normativas legales aplicables.

8.5. Formas de ejercicio de la acción penal.

El ejercicio de la acción penal puede llevarse a cabo de varias formas o modalidades, dependiendo de las circunstancias del caso y las disposiciones legales de cada sistema jurídico. Algunas de las formas más comunes de ejercicio de la acción penal incluyen:

a. **De Oficio:** El ejercicio de la acción penal "de oficio" se produce cuando el Ministerio Público o la fiscalía inicia un proceso penal sin necesidad de que exista una denuncia previa por parte de la víctima o cualquier otra persona. Esto significa que el Ministerio Público actúa por su propia iniciativa, basándose en su deber de velar por el cumplimiento de la ley y la protección de los intereses públicos.

b. **A Instancia de Parte:** En algunos casos, el ejercicio de la acción penal puede depender de la presentación de una denuncia o querella por parte de la víctima del delito, sus representantes legales u otras personas con interés legítimo en el caso. En estas circunstancias, el Ministerio Público puede iniciar el proceso penal una vez recibida la denuncia o querella, siempre y cuando considere que existen suficientes elementos para proceder con la investigación y el enjuiciamiento.

c. **Delegación de la Acción Penal:** En ciertos casos, el Ministerio Público puede delegar la acción penal a otros órganos o autoridades competentes para llevar a cabo la investigación y el enjuiciamiento de ciertos delitos. Esto puede ocurrir, por ejemplo, cuando se trata de delitos de competencia especializada, como delitos ambientales o económicos, que requieren la intervención de entidades específicas con conocimientos técnicos especializados.

d. **Persecución Condicionada:** En algunos sistemas jurídicos, el Ministerio Público puede decidir no iniciar o proseguir la acción penal en contra del imputado si este cumple con ciertas condiciones establecidas por la ley, como la reparación del daño causado a la víctima, la colaboración con la investigación o la participación en programas de rehabilitación. Esta modalidad busca promover la justicia restaurativa y la resolución pacífica de conflictos.

Estas son algunas de las formas más comunes de ejercicio de la acción penal en los sistemas jurídicos. La elección de la modalidad adecuada dependerá de la naturaleza del delito, las disposiciones legales aplicables y los principios de justicia y equidad que rigen en cada sistema jurídico.

8.6. La prejudicialidad penal.

La prejudicialidad penal, también conocida como cuestión prejudicial penal, se refiere a una situación en la que una cuestión de naturaleza penal debe ser resuelta como condición previa o como parte de un proceso judicial de naturaleza civil, administrativa o laboral. En otras palabras, implica que la resolución de un asunto penal es necesaria para resolver un caso de otro ámbito del derecho.

Por ejemplo, si existe un proceso civil relacionado con un accidente de tráfico y se alega que el accidente fue causado por un delito penal, como la conducción bajo los efectos del alcohol, la cuestión de si el conductor cometió o no el delito penal puede ser una prejudicialidad penal en el proceso civil. En este caso, el tribunal civil podría suspender temporalmente el procedimiento civil hasta que se resuelva la cuestión penal.

La prejudicialidad penal se justifica por la necesidad de evitar decisiones contradictorias entre distintos tribunales y de garantizar la coherencia y la efectividad del sistema judicial en su conjunto. Permite que las cuestiones penales sean resueltas de manera previa o simultánea a otros procesos judiciales para evitar dilaciones innecesarias y asegurar una adecuada administración de justicia.

Es importante destacar que la prejudicialidad penal puede variar en su aplicación y efectos según el sistema legal de cada país, y puede estar sujeta a regulaciones específicas en materia de coordinación entre distintas jurisdicciones y procedimientos judiciales.

8.7. Extinción de la acción penal.

La extinción de la acción penal se refiere a la pérdida o terminación de la facultad del Estado para perseguir y sancionar un delito. Este proceso puede ocurrir por diversas razones, y sus efectos pueden variar según las leyes y regulaciones de cada país. Algunas de las causas más comunes de extinción de la acción penal incluyen:

a. **Prescripción:** La prescripción es una causa común de extinción de la acción penal y se produce cuando ha transcurrido un período de tiempo determinado desde la comisión del delito, sin que se haya iniciado o concluido el proceso penal. La prescripción puede variar según la gravedad del delito y las leyes de cada país.

b. **Amnistía:** La amnistía es una medida de carácter político o humanitario que implica el perdón total o parcial de ciertos delitos y la extinción de la acción penal contra los presuntos infractores. La amnistía puede ser decretada por autoridades gubernamentales o legislativas y puede aplicarse en casos específicos o de manera generalizada.

c. **Indulto:** El indulto es una medida de gracia otorgada por autoridades gubernamentales que implica el perdón total o parcial de la pena impuesta a un condenado por un delito. Si se otorga un indulto total, la acción penal se extingue completamente y el condenado es liberado de toda responsabilidad penal.

d. **Muerte del Imputado:** La muerte del imputado antes de que se dicte una sentencia definitiva puede llevar a la extinción de la acción penal, ya que la ley penal suele establecer que la acción penal no puede continuar contra una persona fallecida.

e. **Reconciliación de las Partes:** En algunos casos, la reconciliación entre el autor del delito y la víctima puede llevar a la extinción de la acción penal, especialmente en delitos de carácter privado o cuando la víctima decide retirar la denuncia o no continuar con el proceso penal.

Estas son algunas de las causas más comunes de extinción de la acción penal, pero pueden existir otras circunstancias específicas que también lleven a la terminación de la acción penal. Es importante tener en cuenta que los efectos de la extinción de la acción penal pueden variar según las leyes y regulaciones de cada país, y pueden estar sujetos a consideraciones legales y judiciales adicionales.

8.8.   Medios de defensa contra la acción penal.

8.8.1.   Cuestión previa.

Una cuestión previa puede ser utilizada como un medio de defensa contra la acción penal en ciertas circunstancias. Se trata de un recurso legal que se presenta antes de entrar en el fondo del proceso penal y que busca impugnar aspectos procedimentales o formales que afectan la validez o legalidad del proceso en sí mismo. Algunos ejemplos de cuestiones previas que pueden ser utilizadas como medios de defensa contra la acción penal incluyen:

a. **Incompetencia del Tribunal:** Se refiere a la falta de competencia del tribunal para conocer el caso penal en cuestión. Esto podría ser debido a razones territoriales, de materia, o por alguna otra causa legal que haga que el tribunal no sea competente para conocer del asunto.

b. **Falta de Legitimación o Representación:** Se refiere a la falta de legitimación del Ministerio Público o de la parte acusadora para llevar a cabo la acción penal. Por ejemplo, si el Ministerio Público no tiene la autoridad legal para perseguir un delito en particular.

c. **Falta de Acusación Formal:** Se presenta cuando la acusación no cumple con los requisitos formales establecidos por la ley. Esto podría incluir deficiencias en la descripción del delito, falta de especificidad en los cargos o incumplimiento de los plazos procesales.

d. **Prescripción de la Acción Penal:** Se refiere al agotamiento del tiempo permitido por la ley para iniciar la acción penal por un delito en particular. Si la acción penal se presenta después de que ha transcurrido el período de prescripción establecido, podría ser impugnada como cuestión previa.

e. **Nulidades Procesales:** Se refieren a irregularidades procesales que afectan la validez del proceso penal, como violaciones al debido proceso, falta de notificaciones adecuadas, o cualquier otra infracción a los derechos fundamentales de las partes.

Es importante tener en cuenta que la viabilidad y el éxito de una cuestión previa como medio de defensa contra la acción penal dependen de las leyes y regulaciones específicas de cada país, así como de las circunstancias particulares del caso. Los tribunales evaluarán cada cuestión previa presentada y decidirán sobre su validez y efectos dentro del proceso penal.

8.8.2. Cuestión prejudicial.

La cuestión prejudicial puede ser utilizada como un medio de defensa contra la acción penal en ciertos casos. Se refiere a una situación en la que una cuestión de naturaleza penal debe ser resuelta como condición previa o como parte de un proceso judicial de naturaleza civil, administrativa o laboral. En otras palabras, implica que la resolución de un asunto penal es necesaria para resolver un caso de otro ámbito del derecho.

Cuando se plantea una cuestión prejudicial en un proceso distinto al penal, puede tener un impacto directo en el curso del proceso penal. Algunos ejemplos de cuestiones prejudiciales que podrían ser utilizadas como medios de defensa contra la acción penal incluyen:

a. **Falta de Elemento Penal en un Caso Civil:** Si un caso civil involucra un aspecto penal, como un presunto fraude o agresión, y se plantea la cuestión de si el acto constituye un delito penal, la resolución de esta cuestión en el ámbito civil puede afectar la acción penal correspondiente.

b. **Determinación de Responsabilidad en un Caso Administrativo:** Si un proceso administrativo está relacionado con un asunto penal, como una investigación de corrupción, y se cuestiona si se ha cometido un delito penal, la resolución de esta cuestión en el ámbito administrativo puede tener implicaciones en la acción penal.

c. **Validez de Pruebas o Evidencia:** Si se cuestiona la validez o autenticidad de pruebas o evidencia presentada en un proceso no penal, y estas pruebas son relevantes para la acción penal, la resolución de esta cuestión puede influir en el resultado del proceso penal.

d. **Falta de Legitimación de la Parte Demandante:** Si se plantea la cuestión de si la parte demandante tiene legitimación para iniciar un proceso no penal, y esta legitimación está relacionada con la acción penal, la resolución de esta cuestión puede afectar la acción penal.

En resumen, la cuestión prejudicial puede ser utilizada como un medio de defensa contra la acción penal cuando la resolución de un asunto de naturaleza penal es necesaria para resolver un caso de otro ámbito del derecho. La viabilidad y el éxito de este medio de defensa dependerán de las circunstancias específicas del caso y de las leyes y regulaciones aplicables en cada jurisdicción.

8.8.3. Excepciones.

Las excepciones pueden ser utilizadas como un medio de defensa contra la acción penal en ciertos casos. Las excepciones son argumentos legales que buscan impugnar la validez de la acusación o del proceso penal en sí mismo. Estas pueden ser presentadas por el imputado o su defensa con el objetivo de invalidar total o parcialmente la acción penal. Algunas de las excepciones más comunes incluyen:

a. **Excepción de Falta de Acción:** Se plantea cuando no existe una base legal suficiente para la acción penal, es decir, cuando la conducta del imputado no constituye un delito según la ley penal aplicable.

b. **Excepción de Falta de Jurisdicción:** Se refiere a la falta de competencia del tribunal para conocer del caso penal en cuestión. Puede ser debido a razones territoriales, de materia, o por alguna otra causa legal que haga que el tribunal no sea competente para conocer del asunto.

c. **Excepción de Falta de Legitimación:** Se presenta cuando la parte acusadora carece de legitimación para ejercer la acción penal. Por ejemplo, si el Ministerio Público no tiene la autoridad legal para perseguir un delito en particular.

d. **Excepción de Prescripción:** Se plantea cuando ha transcurrido el tiempo permitido por la ley para iniciar la acción penal por un delito en particular. Si la acción penal se presenta después de que ha transcurrido el período de prescripción establecido, puede ser impugnada como excepción.

e. **Excepción de Inconstitucionalidad:** Se presenta cuando se considera que alguna norma legal aplicable en el proceso penal es contraria a la Constitución o a los derechos fundamentales de las partes. Esta excepción busca invalidar la aplicación de la norma inconstitucional en el proceso penal.

Estas son solo algunas de las excepciones que pueden ser utilizadas como medios de defensa contra la acción penal. La viabilidad y el éxito de una excepción como medio de defensa dependerán de las circunstancias específicas del caso y de las leyes y regulaciones aplicables en cada jurisdicción. Los tribunales evaluarán cada excepción presentada y decidirán sobre su validez y efectos dentro del proceso penal.

CAPÍTULO IX

PRINCIPIO DE OPORTUNIDAD

9.1. Conceptualización.

El principio de oportunidad es una figura del derecho procesal penal que otorga al Ministerio Público o a la autoridad competente la facultad de decidir si se persigue o no una acción penal, o si se suspende o se extingue una acción penal ya iniciada, en atención a ciertos criterios de conveniencia, oportunidad, eficiencia, o interés público. En otras palabras, este principio permite al fiscal o al órgano encargado del ejercicio de la acción penal tomar decisiones discrecionales sobre si se procede con la persecución penal en un caso específico, aún cuando existan elementos para sustentarla.

La aplicación del principio de oportunidad se basa en la premisa de que no todos los casos penales deben ser perseguidos con la misma intensidad, ya que el sistema de justicia penal debe priorizar recursos y esfuerzos en casos de mayor relevancia o gravedad. Algunos elementos clave de este principio son:

a. **Discrecionalidad:** El principio de oportunidad confiere al Ministerio Público o a la autoridad competente cierta discrecionalidad para evaluar si es conveniente o no proceder con la acción penal en un caso específico, teniendo en cuenta diversos factores como la gravedad del delito, los antecedentes del imputado, el interés de la víctima, entre otros.

b. **Interés Público:** La aplicación del principio de oportunidad se fundamenta en el interés público y en la necesidad de optimizar los recursos del sistema de justicia penal, priorizando aquellos casos que representen una mayor amenaza para la seguridad y el orden público.

c. **Eficiencia:** Este principio busca garantizar la eficiencia en la administración de justicia, evitando la saturación de los tribunales con casos de menor relevancia o aquellos que pueden resolverse de manera más adecuada mediante mecanismos alternativos de solución de conflictos.

d. **Flexibilidad:** El principio de oportunidad proporciona flexibilidad al sistema de justicia penal, permitiendo adaptarse a las circunstancias específicas de cada caso y tomar decisiones adecuadas en función de los objetivos de la persecución penal.

En resumen, el principio de oportunidad permite al Ministerio Público o a la autoridad competente tomar decisiones discrecionales sobre la persecución penal en función de criterios de conveniencia, oportunidad, eficiencia y interés público, con el objetivo de priorizar recursos y esfuerzos en casos de mayor relevancia y gravedad.

9.2. Naturaleza.

La naturaleza del principio de oportunidad en el derecho procesal penal es eminentemente discrecional y administrativa, aunque también tiene un fundamento legal y constitucional en muchos sistemas jurídicos. Algunos aspectos importantes de su naturaleza son:

a. **Discrecionalidad:** El principio de oportunidad confiere al Ministerio Público o a la autoridad competente una discrecionalidad razonada para decidir si se procede o no con la persecución penal en un caso específico. Esta discrecionalidad implica que la decisión se toma en función de criterios de conveniencia, oportunidad, eficiencia y el interés público, y puede variar según las circunstancias de cada caso.

b. **Administrativa:** La aplicación del principio de oportunidad es una facultad propia de la actividad administrativa del Ministerio Público o de la autoridad encargada de la acción penal. Se ejerce en el ámbito de la fase preprocesal o procesal, antes de que se dicte una sentencia definitiva, y tiene como objetivo principal optimizar los recursos del sistema de justicia penal y priorizar los casos de mayor relevancia y gravedad.

c. **Legal y Constitucional:** Aunque el principio de oportunidad implica una discrecionalidad administrativa, su ejercicio debe realizarse dentro del marco legal y constitucional establecido por la ley. Esto significa que las decisiones tomadas en virtud de este principio deben estar fundamentadas en normas jurídicas y respetar los derechos y garantías procesales de las partes involucradas.

d. **Instrumento de Política Criminal:** El principio de oportunidad es también un instrumento de política criminal que busca promover una persecución penal efectiva y justa, priorizando la atención en casos de mayor relevancia y gravedad, y permitiendo la adopción de medidas alternativas de solución de conflictos en casos de menor entidad.

En resumen, la naturaleza del principio de oportunidad en el derecho procesal penal es discrecional, administrativa, legal y constitucional, y constituye un instrumento de política criminal que busca promover una administración de justicia más eficiente y equitativa, en función de los objetivos de persecución penal y el interés público.

9.3. Fundamento.

El fundamento del principio de oportunidad en el derecho procesal penal se basa en varios aspectos fundamentales que buscan garantizar la eficacia, eficiencia y equidad en la administración de justicia penal. Algunos de estos fundamentos son:

a. **Interés Público:** El principio de oportunidad se fundamenta en el interés público de promover una persecución penal efectiva y justa. Busca concentrar los recursos del sistema de justicia penal en la atención de casos de mayor relevancia y gravedad, que representen una amenaza para la seguridad y el orden público.

b. **Optimización de Recursos:** Otro fundamento del principio de oportunidad es la necesidad de optimizar los recursos del sistema de justicia penal. Permite al Ministerio Público o a la autoridad competente priorizar los casos más importantes y relevantes, evitando la sobrecarga de los tribunales con casos de menor entidad.

c. **Flexibilidad y Adaptabilidad:** El principio de oportunidad se basa en la flexibilidad y adaptabilidad del sistema de justicia penal para responder de manera adecuada a las circunstancias específicas de cada caso. Permite tomar decisiones proporcionadas y adecuadas en función de los objetivos de persecución penal y el interés público.

d. **Justicia Restaurativa:** En muchos casos, el principio de oportunidad se relaciona con los principios de justicia restaurativa, que buscan promover la reparación del daño y la reconciliación entre las partes involucradas en un conflicto. Permite la adopción de medidas alternativas de solución de conflictos en casos de menor entidad, favoreciendo la resolución pacífica y consensuada de los conflictos.

e. **Reducción de la Criminalidad:** Finalmente, el principio de oportunidad tiene como objetivo contribuir a la reducción de la criminalidad, al centrar los esfuerzos del sistema de justicia penal en la persecución de los delitos más graves y la prevención de la reincidencia, en lugar de enfocarse en casos de menor relevancia que pueden resolverse de manera más efectiva mediante medidas alternativas.

En resumen, el principio de oportunidad se fundamenta en el interés público, la optimización de recursos, la flexibilidad y adaptabilidad del sistema de justicia penal, los principios de justicia restaurativa y la reducción de la criminalidad, con el objetivo de promover una administración de justicia más efectiva, equitativa y orientada a la prevención del delito.

9.4. Aplicación del principio de oportunidad.

La aplicación del principio de oportunidad en el derecho procesal penal implica que el Ministerio Público o la autoridad competente tenga la facultad discrecional de decidir si procede o no con la persecución penal en un caso específico, o si suspende o extingue una acción penal ya iniciada, en función de ciertos criterios de conveniencia, oportunidad, eficiencia y el interés público. A continuación, se describen los pasos principales en la aplicación de este principio:

a. **Evaluación del Caso:** El fiscal o la autoridad competente realiza una evaluación detallada del caso penal, teniendo en cuenta la gravedad del delito, los antecedentes del imputado, el interés de la víctima, las pruebas disponibles y otros factores relevantes.

b. **Identificación de Alternativas:** Se identifican las posibles alternativas de acción penal, que pueden incluir desde la presentación de cargos y la continuación del proceso penal hasta la suspensión condicional del proceso, la aplicación de medidas alternativas de solución de conflictos o la extinción de la acción penal.

c. **Análisis de Criterios:** Se aplican criterios de conveniencia, oportunidad, eficiencia y el interés público para determinar la mejor opción en cada caso. Estos criterios pueden variar según las circunstancias específicas del caso y las leyes y regulaciones aplicables en cada jurisdicción.

d. **Decisión y Fundamentación:** Se toma una decisión fundamentada sobre la aplicación del principio de oportunidad en el caso específico, explicando las razones que justifican la elección realizada y garantizando que la decisión sea coherente con los objetivos de persecución penal y el interés público.

e. **Notificación a las Partes:** Se notifica a las partes involucradas en el proceso penal, incluyendo al imputado, la víctima y otras partes interesadas, sobre la decisión tomada y los efectos que esta tendrá en el desarrollo del proceso penal.

f. **Control Judicial:** En muchos sistemas jurídicos, la aplicación del principio de oportunidad está sujeta a un control judicial para garantizar que se respeten los derechos y garantías procesales de las partes involucradas y que la decisión tomada sea conforme a la ley y a los principios constitucionales.

En resumen, la aplicación del principio de oportunidad implica una evaluación cuidadosa del caso penal, la identificación de alternativas de acción, el análisis de criterios de conveniencia y oportunidad, la toma de decisiones fundamentadas y el control judicial para garantizar su legalidad y adecuación. Este principio busca promover una administración de justicia más efectiva, equitativa y orientada a la prevención del delito, priorizando los casos de mayor relevancia y gravedad.

9.5. Criterios de aplicación del principio de oportunidad.

La aplicación del principio de oportunidad en el derecho procesal penal implica considerar una serie de criterios que guían la decisión del Ministerio Público o la autoridad competente sobre si proceder o no con la persecución penal en un caso específico. Estos criterios pueden variar según el sistema legal y las normativas de cada país, pero algunos de los más comunes incluyen:

a. **Gravedad del Delito:** Se evalúa la gravedad del delito presuntamente cometido, considerando factores como el daño causado, el peligro para la sociedad, la peligrosidad del autor y la necesidad de proteger los derechos de las víctimas.

b. **Interés Público:** Se analiza si la persecución penal está en consonancia con el interés público, es decir, si la acción penal contribuirá a proteger los valores fundamentales de la sociedad y a mantener el orden público.

c. **Existencia de Pruebas:** Se considera la existencia y suficiencia de pruebas para respaldar la acusación penal, evaluando la viabilidad de obtener una condena en un proceso judicial.

d. **Reincidencia:** Se evalúa si el presunto autor del delito tiene antecedentes penales o ha cometido delitos similares en el pasado, lo que podría influir en la decisión de proceder con la acción penal.

e. **Conducta Posterior al Delito:** Se analiza la conducta del presunto autor del delito después de cometer el hecho, incluyendo la colaboración con la investigación, el arrepentimiento, la reparación del daño y la disposición a participar en programas de rehabilitación.

f. **Capacidad de Reeducación:** Se considera la posibilidad de que el presunto autor del delito pueda ser reeducado y reintegrado a la sociedad de manera positiva, lo que podría influir en la decisión de aplicar medidas alternativas a la persecución penal.

g. **Situación Personal del Imputado:** Se tiene en cuenta la situación personal, familiar, laboral y social del imputado, así como sus circunstancias particulares, para determinar si la acción penal es la respuesta más adecuada en su caso.

Estos son solo algunos de los criterios que pueden ser considerados en la aplicación del principio de oportunidad. Es importante destacar que la decisión sobre si proceder o no con la acción penal debe ser tomada de manera ponderada y razonada, teniendo en cuenta todos los aspectos relevantes del caso y buscando siempre el interés público y la justicia.

9.6.   Control de la aplicación del principio de oportunidad.

El control de la aplicación del principio de oportunidad es fundamental para garantizar la legalidad, transparencia y equidad en el ejercicio de esta facultad discrecional por parte del Ministerio Público u otra autoridad competente. Algunas de las formas de control de la aplicación del principio de oportunidad incluyen:

a. **Control Judicial:** Los tribunales pueden ejercer un control sobre la aplicación del principio de oportunidad mediante la revisión de las decisiones del Ministerio Público u otra autoridad competente. Esto puede realizarse a través de recursos como el recurso de apelación, el recurso de queja o el recurso de amparo, dependiendo del sistema legal de cada país.

b. **Control Legislativo:** El poder legislativo puede establecer normas y procedimientos para regular la aplicación del principio de oportunidad y supervisar su ejercicio. Esto puede incluir la creación de leyes, reglamentos o directrices que establezcan los criterios y límites para el ejercicio de esta facultad discrecional, así como la creación de comisiones o mecanismos de supervisión para evaluar su aplicación.

c. **Control Externo:** Organismos externos, como defensores del pueblo, comisiones de derechos humanos, o entidades de control y supervisión del sistema de justicia penal, pueden ejercer un control externo sobre la aplicación del principio de oportunidad. Esto puede implicar la realización de investigaciones, auditorías o evaluaciones periódicas para asegurar el cumplimiento de los criterios legales y constitucionales en su ejercicio.

d. **Control Ciudadano:** La sociedad civil y los ciudadanos también pueden ejercer un control sobre la aplicación del principio de oportunidad a través de la participación en la vigilancia y monitoreo del sistema de justicia penal. Esto puede incluir la presentación de quejas, denuncias o recursos ante las autoridades competentes, así como la promoción de la transparencia y la rendición de cuentas en el ejercicio de esta facultad discrecional.

En resumen, el control de la aplicación del principio de oportunidad es esencial para garantizar que su ejercicio se realice dentro del marco legal y constitucional establecido, respetando los derechos fundamentales de las partes involucradas y promoviendo una administración de justicia efectiva, transparente y equitativa.

9.7. Supuestos de improcedencia del principio de oportunidad.

Los supuestos de improcedencia del principio de oportunidad son situaciones en las cuales no sería adecuado aplicar esta facultad discrecional del Ministerio Público o la autoridad competente para decidir sobre la persecución penal. Algunos de los supuestos más comunes de improcedencia del principio de oportunidad incluyen:

a. **Delitos Graves o de Alto Impacto:** En casos de delitos graves o de alto impacto, como homicidios, violaciones, delitos de corrupción o delincuencia organizada, puede considerarse improcedente aplicar el principio de oportunidad debido a la necesidad de una respuesta firme y contundente por parte del sistema de justicia penal.

b. **Delitos contra la Administración Pública:** En casos de delitos contra la administración pública, como la malversación de fondos, el cohecho o la prevaricación, la aplicación del principio de oportunidad podría ser improcedente debido a la gravedad de los hechos y la importancia de preservar la integridad de las instituciones estatales.

c. **Violaciones Graves de los Derechos Humanos:** Cuando se trate de delitos que impliquen violaciones graves de los derechos humanos, como la tortura, desaparición forzada o ejecuciones extrajudiciales, la aplicación del principio de oportunidad podría ser inaceptable desde el punto de vista ético y jurídico, ya que podría implicar impunidad para los responsables.

d. **Casos de Interés Público o Social:** En situaciones en las que exista un interés público o social evidente en la persecución penal, como en casos de violencia de género, delitos ambientales o delitos contra menores, la aplicación del principio de oportunidad podría ser improcedente debido a la necesidad de proteger a las víctimas y garantizar la justicia.

e. **Reincidencia o Gravedad de la Conducta:** Si el presunto autor del delito tiene antecedentes de reincidencia o si la conducta delictiva es especialmente grave o violenta, podría considerarse improcedente aplicar el principio de oportunidad, ya que podría interpretarse como una señal de tolerancia hacia conductas reiteradas o particularmente peligrosas.

Es importante tener en cuenta que la improcedencia del principio de oportunidad puede variar según las circunstancias

110

específicas de cada caso y según el marco legal y constitucional de cada país. En general, se espera que su aplicación sea coherente con los principios de legalidad, proporcionalidad, igualdad y respeto a los derechos humanos.

CAPÍTULO X

DESARROLLO DE UN PROCESO PENAL

10.1. Conceptualización.

El desarrollo de un proceso penal se refiere al conjunto de etapas y actuaciones que se llevan a cabo desde el inicio de la investigación de un delito hasta la conclusión del juicio y, en su caso, la ejecución de la sentencia. Implica una serie de procedimientos y actos procesales que buscan determinar la verdad de los hechos, proteger los derechos de las partes involucradas y garantizar la justicia en la resolución del conflicto penal.

En términos generales, el desarrollo de un proceso penal puede dividirse en las siguientes etapas:

a. **Investigación Preliminar:** Esta etapa comienza con la denuncia, querella o noticia criminal y se lleva a cabo antes de la presentación de la acusación formal. Durante esta fase, se recopilan pruebas, se realizan diligencias de investigación y se recaban elementos para determinar si existe mérito suficiente para iniciar un proceso penal.

b. **Acusación y Audiencia Inicial:** Una vez concluida la investigación preliminar, el Ministerio Público o la autoridad competente presenta la acusación formal contra el imputado. Esto da inicio a la fase intermedia del proceso penal, en la que se celebra una audiencia inicial en la que se informa al imputado de los cargos en su contra y se le otorgan garantías procesales.

c. **Etapa Intermedia:** Durante esta etapa, se realizan diversas diligencias probatorias, se admiten o desechan pruebas, se preparan los medios de defensa y se establecen los hechos controvertidos que serán objeto de debate en el juicio oral. También se pueden plantear acuerdos reparatorios o solicitar la aplicación del principio de oportunidad.

d. **Juicio Oral:** Es la fase principal del proceso penal, donde se lleva a cabo el debate público y contradictorio entre las partes ante un tribunal competente. Durante el juicio oral, se presentan las pruebas, se interrogan a los testigos y peritos, se formulan los alegatos finales y se emite la sentencia.

e. **Sentencia y Recursos:** Una vez concluido el juicio oral, el tribunal emite una sentencia que contiene la resolución sobre la responsabilidad penal del acusado y, en su caso, la pena que deberá cumplir. Las partes tienen la posibilidad de interponer recursos de apelación u otros medios de impugnación contra la sentencia.

f. **Ejecución de la Sentencia:** Si la sentencia es condenatoria y firme, se procede a su ejecución, lo que implica el cumplimiento de la pena impuesta al acusado. Esto puede incluir la privación de libertad, medidas alternativas o reparación del daño, según lo establecido en la sentencia.

En resumen, el desarrollo de un proceso penal implica una serie de etapas que van desde la investigación preliminar hasta la ejecución de la sentencia, garantizando el respeto a los derechos fundamentales de las partes y buscando alcanzar la verdad y la justicia en la resolución del conflicto penal.

10.2. El inicio del proceso penal.

10.2.1. La noticia criminal.

La noticia criminal se refiere a la información o conocimiento que llega a las autoridades encargadas de la persecución penal sobre la comisión de un presunto delito. Esta información puede ser proporcionada por diferentes medios, como denuncias de particulares, querellas de víctimas, informes de la policía, reportes de medios de comunicación o cualquier otro medio que alerte sobre la posible existencia de un hecho delictivo.

La noticia criminal es el punto de partida para la apertura de una investigación penal. Cuando una autoridad competente recibe información sobre la presunta comisión de un delito, tiene la obligación de iniciar una investigación preliminar para determinar si existen indicios suficientes que justifiquen la apertura de un proceso penal formal.

Es importante destacar que la noticia criminal no constituye en sí misma una acusación formal ni implica necesariamente que se haya cometido un delito. Su función principal es alertar a las autoridades para que inicien las actuaciones necesarias con el fin de esclarecer los hechos, recabar pruebas y determinar si procede o no iniciar un proceso penal.

Una vez recibida la noticia criminal, las autoridades competentes deben llevar a cabo una serie de diligencias e investigaciones preliminares para determinar la veracidad de los hechos denunciados y recopilar la información necesaria para decidir si se inicia o no un proceso penal formal. Si se constata la existencia de suficientes indicios de la comisión de un delito, se procederá a presentar la acusación formal y dar inicio al proceso penal propiamente dicho.

10.2.2. Formas de conocimiento de la noticia criminal.

La noticia criminal puede llegar a las autoridades encargadas de la persecución penal de diversas formas.

Algunas de las formas más comunes de conocimiento de la noticia criminal incluyen:

a. **Denuncia:** Una denuncia es una declaración formal realizada por una persona ante las autoridades competentes en la que se informa sobre la comisión de un presunto delito. Puede ser presentada por la propia víctima, testigos presenciales, familiares o cualquier persona que tenga conocimiento de los hechos delictivos.

b. **Querella:** La querella es una acción judicial mediante la cual una persona afectada por un delito presenta una acusación formal contra el presunto autor del mismo. A diferencia de la denuncia, la querella es presentada directamente ante el juez o tribunal competente y puede dar inicio a un proceso penal.

c. **Información Policial:** Las autoridades policiales pueden obtener información sobre la comisión de un delito a través de investigaciones propias, patrullajes, operativos o denuncias recibidas en las comisarías. Esta información puede ser comunicada al Ministerio Público u otras autoridades competentes para iniciar una investigación penal.

d. **Medios de Comunicación:** Los medios de comunicación, como periódicos, televisión, radio o redes sociales, pueden difundir información sobre hechos delictivos que llega a conocimiento público. Las autoridades pueden tomar conocimiento de la noticia criminal a través de estos medios y realizar las investigaciones correspondientes.

e. **Reportes Anónimos:** En algunos casos, las autoridades pueden recibir información sobre la comisión de delitos a través de reportes anónimos realizados por ciudadanos preocupados. Si bien estos

116

reportes deben ser verificados y corroborados, pueden ser el punto de partida para iniciar una investigación penal.

f. **Información de Organizaciones:** Organizaciones civiles, grupos de derechos humanos, instituciones gubernamentales u otras entidades pueden proporcionar información sobre la comisión de delitos que llega a las autoridades encargadas de la persecución penal.

Estas son solo algunas de las formas más comunes en las que las autoridades pueden tener conocimiento de la noticia criminal. Es importante que todas las informaciones recibidas sean investigadas de manera adecuada y rigurosa para determinar la veracidad de los hechos y garantizar el respeto a los derechos de todas las partes involucradas.

10.3. La etapa de investigación.

10.3.1. Conceptualización.

La etapa de investigación en un proceso penal se refiere al período inicial en el cual las autoridades competentes realizan diligencias y recaban pruebas con el objetivo de esclarecer los hechos relacionados con un presunto delito. Durante esta fase, se llevan a cabo una serie de actuaciones dirigidas a determinar si existen suficientes indicios que justifiquen la apertura de un proceso penal formal y, en su caso, identificar a los posibles responsables del delito.

La etapa de investigación puede dividirse en varias subetapas, que pueden variar según el sistema jurídico de cada país, pero algunas de las más comunes incluyen:

a. **Recepción de la Noticia Criminal:** Esta subetapa marca el inicio de la investigación y se produce cuando las autoridades competentes reciben información sobre la presunta comisión de un delito, ya sea a través de denuncias, querellas, informaciones policiales u otros medios.

b. **Análisis y Evaluación Preliminar:** En esta fase, se realiza una evaluación preliminar de la información recibida para determinar si existen indicios suficientes que justifiquen la apertura de una investigación formal. Se pueden llevar a cabo entrevistas, recopilar documentos, realizar inspecciones o cualquier otra diligencia necesaria para obtener información relevante sobre los hechos denunciados.

c. **Planificación de la Investigación:** Una vez evaluada la información inicial, se procede a planificar las acciones y diligencias necesarias para investigar los hechos denunciados de manera más exhaustiva. Esto puede incluir la designación de un equipo de investigadores, la solicitud de autorizaciones judiciales, la recopilación de pruebas y la elaboración de un plan de trabajo detallado.

d. **Recopilación de Pruebas:** Durante esta etapa, se llevan a cabo una serie de actuaciones destinadas a recabar pruebas que permitan esclarecer los hechos denunciados y determinar la posible responsabilidad de los implicados. Esto puede incluir la toma de declaraciones a testigos, el análisis de documentos, la realización de peritajes, la obtención de muestras forenses, entre otras actuaciones.

e. **Análisis de Pruebas y Conclusiones Preliminares:** Una vez recopiladas las pruebas pertinentes, se procede a su análisis y evaluación con el objetivo de determinar la veracidad de los hechos denunciados y establecer conclusiones preliminares sobre la existencia de un delito y la posible identificación de los responsables.

En resumen, la etapa de investigación en un proceso penal es fundamental para el esclarecimiento de los hechos denunciados y para la toma de decisiones posteriores sobre la apertura de un proceso penal formal. Durante esta fase, se llevan a cabo una serie de actuaciones dirigidas a recabar pruebas y obtener información relevante que permita determinar si procede o no iniciar acciones penales contra los presuntos responsables del delito.

10.3.2. Fases de la etapa de investigación.

La etapa de investigación en un proceso penal es aquella en la que se realizan todas las diligencias necesarias para recabar pruebas, identificar a los responsables y esclarecer los hechos relacionados con un presunto delito. Esta fase es fundamental para el desarrollo del proceso penal, ya que proporciona la base probatoria sobre la cual se sustentará la acusación o defensa durante el juicio.

Las fases de la etapa de investigación pueden variar según el sistema legal y las normativas de cada país, pero generalmente incluyen las siguientes:

a. **Recepción de la Noticia Criminal:** En esta fase, las autoridades competentes reciben información sobre la comisión de un presunto delito, ya sea a través de denuncias, querellas, informes policiales u otras fuentes. Esta noticia criminal da inicio a la investigación penal.

b. **Planificación de la Investigación:** Una vez recibida la noticia criminal, se realiza una planificación de la investigación en la que se establecen los objetivos, estrategias y recursos necesarios para llevar a cabo las diligencias pertinentes. Se determina qué pruebas se deben recabar, qué testigos se deben entrevistar y qué peritajes se deben realizar.

c. **Recopilación de Pruebas:** En esta fase, se llevan a cabo todas las diligencias necesarias para recabar pruebas que permitan esclarecer los hechos delictivos. Esto puede incluir la toma de declaraciones a testigos y víctimas, el análisis de documentos, la realización de inspecciones oculares, la recolección de evidencia física, entre otras acciones.

d. **Análisis de Pruebas:** Una vez recopiladas las pruebas, se realiza un análisis detallado de las mismas para determinar su pertinencia, veracidad y consistencia. Se evalúa la credibilidad de los testigos, se verifica la autenticidad de los documentos y se realiza cualquier peritaje necesario para corroborar los hechos.

e. **Identificación de los Responsables:** Durante la investigación, se busca identificar a los presuntos responsables del delito y se recopila información sobre su participación en los hechos. Esto puede implicar la realización de entrevistas, la obtención de registros telefónicos o bancarios, y la búsqueda de evidencia que vincule a los sospechosos con el delito.

f. **Documentación de la Investigación:** Todas las actuaciones realizadas durante la investigación son debidamente documentadas en un expediente judicial. Esto incluye las declaraciones de testigos, los informes periciales, los registros de las diligencias realizadas y cualquier otra evidencia relevante para el caso.

g. **Informe Final:** Una vez concluida la investigación, se elabora un informe final en el que se resume toda la información recopilada y se establecen las conclusiones sobre la comisión del delito y la responsabilidad de los implicados. Este informe servirá de base para la presentación de la acusación formal y el inicio del juicio oral.

Estas son algunas de las fases más comunes de la etapa de investigación en un proceso penal. Es importante destacar que estas fases pueden variar según las particularidades de cada caso y la legislación aplicable en cada jurisdicción.

10.3.3. Intervención de la policía nacional y el ministerio público en la investigación preliminar.

En la etapa de investigación preliminar de un proceso penal, tanto la policía nacional como el Ministerio Público suelen desempeñar roles importantes y complementarios en el desarrollo de las diligencias para esclarecer los hechos delictivos. Aquí te detallo cómo suelen intervenir ambas instituciones:

1. **Policía Nacional:**

   - **Recepción de Denuncias:** La policía nacional suele ser la primera entidad en recibir las denuncias de los ciudadanos sobre la comisión de presuntos delitos. Esto puede ocurrir en comisarías, delegaciones policiales o mediante llamadas telefónicas.

   - **Investigación Inicial:** La policía inicia una investigación preliminar para recopilar información sobre el presunto delito. Esto puede incluir entrevistas a testigos, aseguramiento de la escena del crimen, obtención de pruebas físicas, como huellas o evidencia forense, y otros actos investigativos.

- **Recopilación de Pruebas:** La policía recopila pruebas relevantes para el caso, como testimonios, registros, fotografías, vídeos, informes periciales, entre otros.

- **Coordinación con el Ministerio Público:** Durante la investigación preliminar, la policía puede coordinar con el Ministerio Público para solicitar órdenes judiciales, como órdenes de registro y allanamiento, o para compartir información relevante para el caso.

- **Remisión de Información:** Una vez recopilada la información inicial, la policía remite el expediente al Ministerio Público para que este continúe con la investigación formal.

2. **Ministerio Público:**

- **Supervisión y Dirección:** El Ministerio Público tiene la facultad de supervisar y dirigir la investigación penal realizada por la policía nacional. Puede impartir instrucciones, requerir diligencias adicionales y tomar decisiones sobre el curso de la investigación.

- **Evaluación de Pruebas:** El Ministerio Público evalúa las pruebas recopiladas por la policía y determina su pertinencia y suficiencia para sustentar una acusación formal.

- **Decisión de Iniciar Proceso Penal:** Basándose en los resultados de la investigación preliminar, el Ministerio Público decide si existe mérito suficiente para iniciar un proceso penal formal. Si determina que hay suficientes pruebas, presenta la acusación ante el juez competente y da inicio al proceso penal propiamente dicho.

En resumen, la policía nacional y el Ministerio Público trabajan de manera conjunta durante la investigación preliminar, cada uno desempeñando roles específicos para recabar pruebas, identificar a los responsables y esclarecer los hechos delictivos. Su colaboración es fundamental para garantizar una investigación efectiva y el cumplimiento de los objetivos del sistema de justicia penal.

10.3.4. Conclusión de la etapa de investigación.

La conclusión de la etapa de investigación en un proceso penal marca el cierre de las diligencias realizadas para recopilar pruebas, identificar a los responsables y esclarecer los hechos relacionados con un presunto delito. Esta etapa es crucial, ya que proporciona la base probatoria sobre la cual se sustentará la acusación o defensa durante el juicio.

La conclusión de la etapa de investigación puede darse por diferentes motivos, entre ellos:

a. **Recopilación Suficiente de Pruebas:** Cuando se considera que se han recopilado suficientes pruebas para sustentar una acusación formal y que se ha identificado a los presuntos responsables del delito, se puede concluir la investigación preliminar.

b. **Agotamiento de las Diligencias:** Una vez realizadas todas las diligencias necesarias y agotadas las vías de investigación disponibles, se puede dar por concluida la etapa de investigación.

c. **Decisión de No Proceder:** Si después de realizar las diligencias correspondientes se determina que no existen suficientes pruebas para sustentar una acusación formal o que no se ha identificado a los responsables del delito, se puede concluir la investigación con una decisión de no proceder.

d. **Vencimiento del Plazo:** En algunos casos, la conclusión de la etapa de investigación puede estar determinada por el vencimiento de los plazos establecidos por la ley para llevar a cabo las diligencias correspondientes.

Es importante destacar que la conclusión de la etapa de investigación no implica necesariamente el cierre definitivo del caso, ya que posteriormente puede iniciarse el juicio oral y continuar con la presentación de pruebas, los alegatos de las partes y la emisión de la sentencia por parte del tribunal competente. Sin embargo, marca el fin de la fase de recopilación de pruebas y el inicio de la siguiente etapa del proceso penal.

10.4. El control judicial de la etapa de investigación.

10.4.1. Conceptualización.

El control judicial de la etapa de investigación en un proceso penal se refiere a la supervisión y revisión que realiza el órgano judicial competente sobre las actuaciones llevadas a cabo por las autoridades encargadas de la investigación preliminar. Este control tiene como objetivo garantizar que se respeten los derechos fundamentales de las partes involucradas, se cumplan las normativas procesales y se obtenga la verdad material de los hechos delictivos.

La conceptualización del control judicial de la etapa de investigación implica varios aspectos:

a. **Supervisión de Actuaciones:** El órgano judicial encargado de realizar el control judicial de la etapa de investigación tiene la facultad de supervisar todas las actuaciones realizadas por la policía nacional, el Ministerio Público u otras autoridades durante la investigación preliminar. Esto incluye revisar los informes policiales, las órdenes judiciales, las diligencias realizadas y cualquier otra actuación relevante para el caso.

b. **Garantía de Derechos Fundamentales:** El control judicial tiene como objetivo principal garantizar el respeto a los derechos fundamentales de las partes involucradas en el proceso penal, como el derecho a la defensa, el derecho a un juicio justo, el derecho a la presunción de inocencia, entre otros. El juez debe asegurarse de que las actuaciones realizadas durante la investigación no vulneren estos derechos.

c. **Control de Legalidad:** El órgano judicial verifica que las actuaciones llevadas a cabo por las autoridades durante la investigación preliminar se ajusten a las normativas procesales y legales establecidas en la legislación vigente. Esto incluye la revisión de la legalidad de las órdenes judiciales, la validez de las pruebas obtenidas y el cumplimiento de los plazos procesales.

d. **Imparcialidad e Independencia:** El control judicial debe ejercerse de manera imparcial e independiente, garantizando que las decisiones del juez se basen únicamente en criterios legales y objetivos, sin influencias externas o sesgos. Esto contribuye a fortalecer la confianza en el sistema de justicia y garantizar la imparcialidad en el proceso penal.

En resumen, el control judicial de la etapa de investigación es una parte fundamental del sistema de justicia penal, que tiene como objetivo asegurar el respeto a los derechos fundamentales, garantizar la legalidad de las actuaciones y contribuir a la búsqueda de la verdad en la resolución de los casos penales.

10.4.2. Intervención del Juez Penal en el control judicial de la etapa de investigación.

La intervención del juez penal en el control judicial de la etapa de investigación es fundamental para garantizar que se respeten los derechos de las partes involucradas, se cumplan las normativas procesales y se obtenga la verdad material de los hechos delictivos. El juez desempeña un papel crucial en la supervisión y revisión de las actuaciones realizadas por las autoridades encargadas de la investigación preliminar. Aquí te detallo cómo suele intervenir el juez penal en este proceso:

a. **Autorización de Órdenes Judiciales:** El juez penal tiene la facultad de autorizar órdenes judiciales, como órdenes de registro y allanamiento, interceptación telefónica, seguimiento o cualquier otra medida intrusiva que pueda afectar los derechos fundamentales de las personas. Antes de autorizar estas medidas, el juez debe evaluar si existen suficientes indicios que justifiquen su adopción y si se cumplen los requisitos legales establecidos.

b. **Control de Legalidad:** El juez penal realiza un control de legalidad sobre las actuaciones realizadas durante la investigación preliminar para verificar que se ajusten a las normativas procesales y legales establecidas en la legislación vigente. Esto incluye la revisión de las diligencias realizadas, la validez de las pruebas obtenidas, el cumplimiento de los plazos procesales y el respeto a los derechos fundamentales de las partes involucradas.

c. **Revisión de Actuaciones:** El juez revisa todas las actuaciones llevadas a cabo por las autoridades durante la investigación preliminar, incluyendo los informes policiales, las órdenes judiciales, las diligencias realizadas, las declaraciones de los testigos y cualquier otra evidencia relevante para el caso. El objetivo es verificar que se respeten los derechos de las partes y que se obtenga una investigación justa e imparcial.

d. **Adopción de Decisiones:** El juez penal adopta decisiones fundamentales para el curso de la investigación, como la autorización de medidas cautelares, la validez de las pruebas obtenidas, la admisión de los elementos de convicción y cualquier otra cuestión relacionada con el desarrollo de la investigación preliminar.

En resumen, la intervención del juez penal en el control judicial de la etapa de investigación es esencial para garantizar la legalidad, imparcialidad y efectividad del proceso penal. Su función consiste en supervisar las actuaciones de las autoridades, proteger los derechos de las partes y asegurar la realización de una investigación justa y equitativa.

10.4.3. Formas de efectivización del control judicial.

La efectivización del control judicial en la etapa de investigación del proceso penal se puede lograr a través de diversas formas, que incluyen:

a. **Autorización Previa:** El control judicial puede ser efectivo mediante la autorización previa de determinadas medidas o actuaciones por parte del juez penal. Antes de llevar a cabo ciertas diligencias, como registros, allanamientos, escuchas telefónicas o interceptaciones de comunicaciones, las autoridades encargadas de la investigación deben solicitar la autorización del juez, quien evaluará si existen suficientes indicios y si se cumplen los requisitos legales para su realización.

b. **Revisión Continua:** El juez penal puede realizar una revisión continua de las actuaciones llevadas a cabo durante la investigación preliminar para verificar que se respeten los derechos de las partes y se cumplan las normativas procesales. Esto implica la revisión constante de los informes policiales, las órdenes judiciales, las pruebas obtenidas y cualquier otra actuación relevante para el caso.

c. **Control de Legalidad:** El control judicial puede ser efectivo mediante la aplicación estricta de los principios de legalidad y de debido proceso. El juez debe verificar que todas las actuaciones realizadas durante la investigación preliminar se ajusten a las normativas procesales y legales establecidas en la legislación vigente. Esto incluye la validación de las pruebas obtenidas, la admisibilidad de los elementos de convicción y el respeto a los derechos fundamentales de las partes involucradas.

d. **Impugnación y Recursos:** Las partes involucradas en el proceso penal tienen derecho a impugnar las actuaciones realizadas durante la investigación preliminar y a interponer recursos contra las decisiones del juez que consideren injustas o contrarias a derecho. Esto permite que las partes puedan cuestionar las actuaciones de las autoridades y obtener una revisión judicial de las mismas.

e. **Transparencia y Publicidad:** La efectivización del control judicial también puede lograrse a través de la transparencia y la publicidad de las actuaciones judiciales. El acceso público a la información sobre el desarrollo del proceso penal y la divulgación de las decisiones judiciales contribuyen a garantizar la rendición de cuentas y el escrutinio público sobre la labor de los jueces.

Estas son algunas de las formas en que se puede efectivizar el control judicial en la etapa de investigación del proceso penal. La combinación de estas medidas contribuye a asegurar la legalidad, imparcialidad y efectividad del proceso penal, protegiendo los derechos de las partes y promoviendo la realización de una justicia equitativa.

10.5. La etapa intermedia.

10.5.1. Conceptualización.

La etapa intermedia en un proceso penal es una fase crucial que se encuentra entre la etapa de investigación y el juicio oral. También se le conoce como "etapa intermedia de preparación para el juicio" o "audiencia intermedia". Esta etapa se caracteriza por ser un momento de análisis y consolidación de la evidencia recopilada durante la investigación preliminar, donde se determina si existen suficientes elementos probatorios para llevar a cabo un juicio oral.

En términos generales, la etapa intermedia cumple con los siguientes objetivos:

a. **Evaluación de la Evidencia:** Durante la etapa intermedia, el juez y las partes revisan detalladamente la evidencia recopilada durante la investigación preliminar. Se analizan las declaraciones de los testigos, los informes periciales, los documentos, las pruebas físicas y cualquier otra evidencia presentada por las partes para determinar su pertinencia, fiabilidad y suficiencia para sustentar una acusación o defensa.

b. **Decisión sobre el Juicio Oral:** Basándose en la evidencia recopilada, el juez evalúa si existen suficientes elementos probatorios para llevar a cabo un juicio oral. En esta etapa, el juez decide si se dicta auto de apertura a juicio, lo que implica que hay indicios suficientes de la comisión del delito y la responsabilidad del acusado, y se fija la fecha para la celebración del juicio oral.

c. **Presentación de Alegatos:** Durante la etapa intermedia, las partes tienen la oportunidad de presentar sus argumentos sobre la admisibilidad y valoración de la evidencia, así como sobre cualquier cuestión procesal relevante para el caso. Esto incluye la presentación de recursos, objeciones, solicitudes de exclusión de pruebas o cualquier otra petición que considere pertinente para la defensa de sus intereses.

d. **Concentración de Actos Procesales:** La etapa intermedia permite concentrar actos procesales como la calificación provisional de los hechos, la formulación de acusaciones, la presentación de pruebas anticipadas o la resolución de incidentes procesales pendientes. Esto contribuye a agilizar el proceso y a preparar adecuadamente el juicio oral.

En resumen, la etapa intermedia constituye un momento crucial en el proceso penal en el que se evalúa la evidencia recopilada, se decide sobre la viabilidad del juicio oral y se preparan las partes para la fase de debate y juzgamiento. Es una etapa en la que se garantiza el derecho a la defensa y se asegura la realización de un proceso justo y equitativo.

10.5.2. La acusación fiscal.

La acusación fiscal es un acto procesal mediante el cual el Ministerio Público, como titular de la acción penal en muchos sistemas jurídicos, formula formalmente la imputación de cargos contra una persona específica por la presunta comisión de un delito. Este acto marca el inicio de la fase de juicio en el proceso penal.

La acusación fiscal suele contener varios elementos importantes, que pueden variar dependiendo del sistema legal y las normativas procesales de cada país, pero generalmente incluyen:

a. **Identificación del Acusado:** Se especifica el nombre y la información de identificación del acusado, así como cualquier otra información relevante para su identificación, como su domicilio o nacionalidad.

b. **Descripción de los Hechos:** Se detallan los hechos que se imputan al acusado, incluyendo el lugar, la fecha y las circunstancias en las que presuntamente se cometió el delito.

c. **Tipificación del Delito:** Se señala la norma legal que se considera infringida por el acusado y se describe la conducta que se le atribuye, así como los elementos del delito que se pretenden probar.

d. **Fundamentación Jurídica:** Se proporciona la fundamentación legal que sustenta la acusación, explicando cómo los hechos imputados constituyen un delito según la legislación aplicable.

e. **Pruebas:** Se indican las pruebas que el Ministerio Público pretende presentar durante el juicio para sustentar la acusación, incluyendo testimonios, documentos, informes periciales u otras evidencias.

f. **Solicitud de Pena:** En algunos casos, la acusación fiscal puede incluir una solicitud de pena, es decir, la pena que el Ministerio Público considera adecuada en caso de que el acusado sea encontrado culpable.

Es importante destacar que la acusación fiscal debe estar respaldada por pruebas suficientes que sustenten la imputación de cargos contra el acusado. Además, el acusado tiene derecho a defenderse de las acusaciones y a impugnar la acusación presentada en su contra durante el juicio. La acusación fiscal es un paso crucial en el proceso penal y marca el inicio de la fase de debate y juzgamiento.

10.5.3. Control judicial de la acusación fiscal.

El control judicial de la acusación fiscal es una etapa importante del proceso penal en la cual el juez encargado del caso examina y evalúa la acusación presentada por el Ministerio Público para determinar su validez y adecuación a la normativa legal. Este control tiene como objetivo garantizar que la acusación cumpla con los requisitos procesales y sustantivos establecidos por la ley, así como proteger los derechos fundamentales de las partes involucradas. Algunas de las formas en las que se lleva a cabo este control incluyen:

a. **Análisis de la Formalidad:** El juez verifica que la acusación cumpla con los requisitos formales establecidos por la ley, como la identificación clara del acusado, la descripción precisa de los hechos imputados, la tipificación del delito, la fundamentación jurídica y la solicitud de pena, si corresponde.

b. **Examen de la Legalidad:** El juez verifica que la acusación se base en una fundamentación jurídica adecuada y que los hechos imputados constituyan un delito según la legislación aplicable. Además, se asegura de que no existan vicios de legalidad en la obtención de pruebas o en la actuación del Ministerio Público durante la investigación.

c. **Adecuación a los Derechos Fundamentales:** El juez evalúa si la acusación respeta los derechos fundamentales del acusado, como el derecho a la presunción de inocencia, el derecho a un juicio justo, el derecho a la defensa y otros derechos procesales reconocidos por la ley y los tratados internacionales.

d. **Valoración de Pruebas:** En algunos casos, el juez puede examinar las pruebas presentadas por el Ministerio Público para determinar si son suficientes para sustentar la acusación y si cumplen con los estándares de admisibilidad establecidos por la ley.

e. **Posibilidad de Impugnación:** El acusado tiene la oportunidad de impugnar la acusación presentada por el Ministerio Público y de presentar argumentos en contra de su validez durante la audiencia correspondiente. El juez considerará estos argumentos al tomar su decisión sobre la admisibilidad de la acusación.

En resumen, el control judicial de la acusación fiscal es fundamental para garantizar un proceso penal justo y equitativo. El juez debe asegurarse de que la acusación cumpla con los requisitos legales y respete los derechos fundamentales de todas las partes involucradas antes de permitir que el caso avance a la siguiente etapa del proceso.

10.5.4. La autorización judicial para el pase a juicio oral.

En muchos sistemas jurídicos, la autorización judicial para el pase a juicio oral es un paso crucial en el proceso penal que marca el inicio de la fase de juicio. Esta autorización se otorga después de que el juez ha realizado un análisis exhaustivo de la evidencia presentada durante la etapa de investigación y la acusación fiscal, así como de los argumentos y objeciones de las partes involucradas. Algunos aspectos importantes sobre la autorización judicial para el pase a juicio oral incluyen:

a. **Evaluación de la Evidencia:** El juez examina detalladamente la evidencia presentada por el Ministerio Público durante la etapa de investigación y la acusación fiscal para determinar si existen suficientes indicios de culpabilidad que justifiquen llevar a cabo un juicio oral. Se analizan las pruebas testimoniales, documentales, periciales y cualquier otro elemento de convicción presentado por las partes.

b. **Cumplimiento de Requisitos Legales:** El juez verifica que la acusación presentada por el Ministerio Público cumpla con los requisitos legales establecidos por la ley, incluyendo la descripción precisa de los hechos imputados, la tipificación del delito, la fundamentación jurídica y la solicitud de pena, si corresponde.

c. **Respeto a los Derechos Fundamentales:** El juez garantiza que el proceso penal se haya desarrollado respetando los derechos fundamentales de todas las partes involucradas, incluyendo el derecho a la defensa, el derecho a un juicio justo y el derecho a la presunción de inocencia.

d. **Decisión sobre el Pase a Juicio Oral:** Basándose en la evidencia y los argumentos presentados, el juez decide si se autoriza el pase a juicio oral, lo que implica que existen suficientes indicios de culpabilidad para justificar la celebración de un juicio público y oral ante un tribunal competente.

e. **Notificación a las Partes:** Una vez tomada la decisión, el juez notifica a las partes involucradas en el proceso, incluyendo al Ministerio Público, al acusado y a su defensa, sobre la autorización para el pase a juicio oral. Se fija la fecha y hora para la celebración del juicio, y se establecen los términos y condiciones para su desarrollo.

En resumen, la autorización judicial para el pase a juicio oral es un acto procesal importante que se lleva a cabo después de un análisis exhaustivo de la evidencia y los argumentos presentados durante la etapa de investigación y la acusación fiscal. Esta autorización marca el inicio de la fase de juicio y es fundamental para garantizar un proceso penal justo y equitativo.

10.6. La etapa de juicio oral.

10.6.1. Conceptualización.

La etapa de juicio oral en un proceso penal es una fase crucial en la que se lleva a cabo un debate público y contradictorio ante un tribunal competente, con la participación de las partes involucradas, con el fin de determinar la culpabilidad o inocencia del acusado en relación con los delitos imputados. Esta etapa se caracteriza por la presentación de pruebas, la exposición de argumentos jurídicos y la emisión de una sentencia por parte del tribunal.

Algunos aspectos importantes de la etapa de juicio oral incluyen:

a. **Debate Público y Contradictorio:** Durante el juicio oral, se celebra un debate público y contradictorio en el que las partes presentan sus argumentos y pruebas ante el tribunal y frente a la contraparte. Se garantiza el derecho a la defensa y a la participación activa de todas las partes involucradas en el proceso.

b. **Presentación de Pruebas:** Durante el juicio, las partes tienen la oportunidad de presentar pruebas para respaldar sus argumentos y sustentar sus posiciones. Esto incluye pruebas testimoniales, documentales, periciales u otras evidencias relevantes para el caso.

c. **Interrogatorio de Testigos y Peritos:** Se lleva a cabo el interrogatorio de testigos y peritos por parte de las partes y del tribunal, con el fin de esclarecer los hechos del caso y obtener información relevante para la toma de decisiones.

d. **Alegatos Finales:** Al finalizar la presentación de pruebas, las partes tienen la oportunidad de exponer sus alegatos finales ante el tribunal, resumiendo los argumentos y pruebas presentadas durante el juicio y solicitando una determinada resolución del caso.

e. **Sentencia:** Una vez concluido el debate y evaluadas todas las pruebas y argumentos presentados, el tribunal emite una sentencia en la que se determina la culpabilidad o inocencia del acusado en relación con los delitos imputados. En caso de ser declarado culpable, se establece la pena correspondiente según lo establecido por la ley.

En resumen, la etapa de juicio oral es fundamental en el proceso penal, ya que permite determinar la verdad de los hechos, garantizar el derecho a la defensa y asegurar la aplicación efectiva de la justicia. Es en esta fase donde se lleva a cabo la confrontación de las pruebas y argumentos presentados por las partes, y donde se toma la decisión final sobre la responsabilidad del acusado.

10.6.2. Alegatos de apertura.

Los alegatos de apertura son una parte fundamental del proceso de juicio oral en un proceso penal. Se trata de las primeras intervenciones que realizan las partes ante el tribunal al inicio del juicio. Durante los alegatos de apertura, las partes tienen la oportunidad de exponer ante el tribunal un resumen de los argumentos que pretenden desarrollar durante el curso del juicio, así como la forma en que planean presentar su caso y las pruebas que ofrecerán.

Algunos aspectos importantes de los alegatos de apertura son:

a. **Presentación del Caso:** Durante los alegatos de apertura, las partes explican al tribunal cuál es su posición en el caso y cuáles son los hechos que pretenden demostrar. Es una oportunidad para delinear la teoría del caso y establecer los puntos clave que se discutirán durante el juicio.

b. **Resumen de los Argumentos:** Las partes ofrecen un resumen de los argumentos que planean desarrollar durante el juicio, incluyendo las cuestiones jurídicas y fácticas que serán objeto de debate. Esto permite al tribunal y a las partes tener una visión general de los temas que serán tratados durante el proceso.

c. **Presentación de Pruebas:** Durante los alegatos de apertura, las partes pueden hacer referencia a las pruebas que tienen la intención de presentar durante el juicio para respaldar sus argumentos. Aunque no es el momento de presentar pruebas concretas, las partes pueden mencionar las pruebas que consideran relevantes para el caso.

d. **Persuasión Inicial:** Los alegatos de apertura también tienen como objetivo persuadir al tribunal sobre la validez de la posición de cada parte y la fuerza de sus argumentos. Las partes pueden utilizar este momento para captar la atención del tribunal y establecer una impresión inicial favorable a su caso.

En resumen, los alegatos de apertura son una oportunidad para que las partes delineen su posición en el caso, resuman los argumentos que pretenden desarrollar durante el juicio y establezcan las bases para la presentación de pruebas y el desarrollo del proceso. Es una fase crucial que marca el inicio del juicio oral y establece el marco para el debate subsiguiente.

10.6.3. Actuación probatoria en el juicio oral.

La actuación probatoria en el juicio oral es una fase fundamental en la que las partes presentan ante el tribunal las pruebas que han preparado para respaldar sus argumentos y demostrar sus afirmaciones. Durante esta etapa, se lleva a cabo la presentación y evaluación de la evidencia con el objetivo de esclarecer los hechos controvertidos del caso y determinar la verdad procesal. Algunos aspectos importantes de la actuación probatoria en el juicio oral incluyen:

a. **Presentación de Pruebas:** Las partes tienen la oportunidad de presentar las pruebas que han recopilado durante la etapa de investigación y preparación del juicio. Esto puede incluir testimonios de testigos presenciales, documentos, informes periciales, grabaciones de audio o video, entre otros.

b. **Interrogatorio de Testigos y Peritos:** Las partes tienen el derecho de interrogar a los testigos y peritos que han sido llamados a declarar ante el tribunal. Durante el interrogatorio, se busca obtener información relevante para el caso y confrontar la versión de los hechos presentada por la contraparte.

c. **Contrainterrogatorio:** Después del interrogatorio directo, la parte contraria tiene la oportunidad de realizar un contrainterrogatorio para cuestionar la credibilidad y consistencia de los testimonios y peritajes presentados por la otra parte.

d. **Objeciones y Rulings:** Durante la presentación de pruebas, las partes pueden realizar objeciones si consideran que alguna evidencia es inadmisible o contraria a las reglas procesales. El tribunal decidirá sobre la admisibilidad de la evidencia y resolverá las objeciones presentadas.

e. **Valoración de la Prueba:** El tribunal evaluará la credibilidad y pertinencia de las pruebas presentadas por las partes, así como su consistencia con el resto del caso. Esto se realiza con el objetivo de determinar la fuerza probatoria de cada elemento de convicción presentado.

f. **Registro de Pruebas:** Durante la actuación probatoria, se realizará un registro de las pruebas presentadas ante el tribunal, que quedará reflejado en el acta del juicio. Esto incluirá un resumen de los testimonios de los testigos, la presentación de documentos y cualquier otra evidencia presentada.

En resumen, la actuación probatoria en el juicio oral es una fase crucial en la que se presenta la evidencia ante el tribunal para demostrar los hechos del caso. Es un proceso en el que se busca esclarecer la verdad procesal y garantizar un juicio justo y equitativo.

10.6.4. Alegatos de clausura.

Los alegatos de clausura, también conocidos como conclusiones o informes finales, son las últimas intervenciones que realizan las partes ante el tribunal al finalizar el juicio oral. Durante esta fase, las partes tienen la oportunidad de resumir los argumentos presentados durante el juicio, destacar las pruebas más relevantes y persuadir al tribunal sobre la validez de su posición en el caso. Algunos aspectos importantes de los alegatos de clausura incluyen:

a. **Resumen de Argumentos:** Durante los alegatos de clausura, las partes resumen los principales argumentos presentados durante el juicio y destacan los puntos clave que consideran más relevantes para su posición en el caso. Esto incluye una revisión de los elementos de prueba presentados y su relación con los hechos controvertidos del caso.

b. **Valoración de la Prueba:** Las partes tienen la oportunidad de resaltar las pruebas más importantes presentadas durante el juicio y argumentar cómo estas pruebas respaldan su posición en el caso. Esto puede incluir testimonios de testigos, documentos, informes periciales u otras evidencias relevantes para el caso.

c. **Refutación de Argumentos Contrarios:** Durante los alegatos de clausura, las partes también pueden refutar los argumentos presentados por la parte contraria y explicar por qué consideran que son incorrectos o no están respaldados por la evidencia presentada en el juicio.

d. **Solicitud de Veredicto:** Al finalizar sus argumentos, las partes pueden realizar una solicitud al tribunal sobre el veredicto que consideran adecuado en el caso. Esto puede incluir la solicitud de condena o absolución del acusado, así como la solicitud de una determinada pena en caso de condena.

e. **Persuasión Final:** Los alegatos de clausura son una oportunidad para que las partes persuadan al tribunal sobre la validez de su posición en el caso y la fuerza de sus argumentos. Es el momento de hacer una última impresión y convencer al tribunal de tomar una decisión favorable a sus intereses.

En resumen, los alegatos de clausura son una parte crucial del juicio oral en la que las partes tienen la oportunidad de resumir sus argumentos, destacar las pruebas más relevantes y persuadir al tribunal sobre la validez de su posición en el caso. Es un paso importante en el proceso de deliberación del tribunal y puede influir en la decisión final que se tome en el caso.

10.7. La sentencia penal.

10.7.1. Conceptualización.

La sentencia penal es el acto procesal mediante el cual el tribunal encargado de impartir justicia en un proceso penal emite su decisión final respecto a la responsabilidad del acusado y la imposición de una sanción, en caso de ser procedente. Es un documento oficial que contiene la resolución del tribunal y establece las consecuencias legales del juicio llevado a cabo.

Algunos elementos importantes de la sentencia penal son:

a. **Fallo:** Es la parte de la sentencia que contiene la decisión final del tribunal respecto a la culpabilidad o inocencia del acusado. En esta sección se establece si el acusado es declarado culpable o no culpable de los delitos imputados.

b. **Fundamentación:** La sentencia incluye una fundamentación jurídica en la que el tribunal explica las razones y argumentos que sustentan su decisión. Se detallan los hechos probados, las pruebas evaluadas, los argumentos de las partes y los principios legales aplicados para llegar a la conclusión.

c. **Disposiciones:** En esta sección se establecen las consecuencias legales de la decisión del tribunal. Esto puede incluir la imposición de penas, medidas de seguridad, la reparación del daño causado a las víctimas y cualquier otra disposición necesaria para resolver el caso.

d. **Costas y gastos:** El tribunal puede ordenar al acusado o a alguna de las partes asumir los costos del proceso, incluyendo honorarios de abogados, peritos u otros gastos relacionados con el juicio.

e. **Recursos:** La sentencia también informa a las partes sobre los recursos legales que pueden interponerse en caso de disconformidad con la decisión del tribunal. Esto puede incluir la posibilidad de apelar la sentencia ante una instancia superior.

En resumen, la sentencia penal es el acto final del proceso penal en el que el tribunal emite su decisión sobre la culpabilidad del acusado y las consecuencias legales de dicha decisión. Es un documento oficial que establece los resultados del juicio y las medidas que se tomarán en consecuencia.

10.7.2. Tipos de sentencia penal.

Las sentencias penales pueden clasificarse de diversas formas según distintos criterios. Algunas de las clasificaciones más comunes de las sentencias penales incluyen:

1. **Según el contenido de la decisión:**

   - **Condenatoria:** Declara la culpabilidad del acusado por los delitos imputados y establece las consecuencias legales correspondientes, como la imposición de penas o medidas de seguridad.

   - **Absolutoria:** Declara la inocencia del acusado al no encontrar pruebas suficientes para sostener su culpabilidad. En este caso, se ordena la libertad del acusado y la cesación de las medidas cautelares que se hubieran impuesto.

2. **Según la naturaleza de la pena impuesta:**

   - **Pena privativa de libertad:** Cuando la sentencia incluye la imposición de una pena de prisión o cárcel.

   - **Pena no privativa de libertad:** Cuando la sentencia impone sanciones distintas a la privación de la libertad, como multas, trabajo en beneficio de la comunidad, libertad condicional, entre otras.

3. **Según la duración de la pena:**

   - **Sentencia definitiva:** Establece una pena firme y definitiva que no está sujeta a revisión, salvo por los recursos legales ordinarios o extraordinarios contemplados por la ley.

   - **Sentencia condicional o suspendida:** La ejecución de la pena se condiciona al cumplimiento de ciertas condiciones impuestas por el tribunal. Si el acusado cumple con dichas condiciones, la pena puede ser suspendida o reducida.

4. **Según la forma de imposición de la pena:**

- **Sentencia individual:** Se impone una pena específica para cada delito por separado.

- **Sentencia acumulativa o concurrente:** Se impone una única pena que engloba la responsabilidad por múltiples delitos cometidos en un mismo contexto o período de tiempo.

5. **Según la modalidad de juicio:**

- **Sentencia oral:** Emitida al término de un juicio oral, en el que se lleva a cabo una audiencia pública en la que se presentan pruebas y argumentos de las partes.

- **Sentencia escrita:** Emitida sin la realización de un juicio oral, basada en la revisión de documentos y pruebas presentadas por escrito, así como en los argumentos de las partes.

Estas son algunas de las formas en que las sentencias penales pueden clasificarse, pero la clasificación específica dependerá del sistema jurídico de cada país y de las disposiciones legales aplicables en cada caso.

10.7.3. Criterios para determinar la eficacia de la sentencia penal.

La eficacia de una sentencia penal puede evaluarse desde diferentes perspectivas y según distintos criterios. Algunos de los criterios comunes para determinar la eficacia de una sentencia penal son los siguientes:

a. **Criterio de Justicia:** La eficacia de una sentencia penal se relaciona directamente con la administración de justicia. Una sentencia se considera eficaz cuando refleja de manera adecuada la culpabilidad o inocencia del acusado, así como la proporcionalidad de la pena impuesta con respecto a la gravedad del delito y las circunstancias del caso.

b. **Criterio de Legalidad:** La eficacia de una sentencia penal también se evalúa en términos de su conformidad con el marco legal vigente. Una sentencia se considera eficaz cuando se emite de acuerdo con las disposiciones legales aplicables y los principios del debido proceso, garantizando así la legalidad y legitimidad del proceso penal.

c. **Criterio de Ejecución:** La eficacia de una sentencia penal puede evaluarse en función de su capacidad para ser ejecutada de manera efectiva. Esto implica que la sentencia se traduzca en acciones concretas por parte de las autoridades encargadas de su ejecución, como la detención del condenado, el cumplimiento de la pena impuesta o la reparación del daño causado a las víctimas.

d. **Criterio de Prevención:** La eficacia de una sentencia penal puede medirse en términos de su capacidad para prevenir la comisión de nuevos delitos. Una sentencia se considera eficaz cuando tiene un efecto disuasorio sobre los potenciales infractores de la ley y contribuye a mantener el orden social y la seguridad ciudadana.

e. **Criterio de Reinserción Social:** La eficacia de una sentencia penal también puede evaluarse en función de su capacidad para promover la rehabilitación y reinserción social del condenado. Esto implica que la sentencia proporcione oportunidades para la rehabilitación del infractor y su reintegración en la sociedad como un miembro productivo y respetuoso de la ley.

Estos son algunos de los criterios comunes para determinar la eficacia de una sentencia penal, aunque la evaluación específica dependerá del contexto y las circunstancias particulares de cada caso. La eficacia de una sentencia penal puede ser un tema de debate y análisis en el ámbito jurídico y académico, con el objetivo de mejorar el sistema de justicia penal y garantizar una aplicación efectiva de la ley.

10.7.4. La cosa juzgada penal.

La cosa juzgada penal es un principio fundamental del derecho procesal penal que establece que una vez que una sentencia penal ha adquirido firmeza, es decir, que ha sido confirmada por todas las instancias judiciales y no puede ser objeto de más recursos, se produce un efecto de inmutabilidad que impide que la misma cuestión penal sea juzgada nuevamente entre las mismas partes.

Este principio tiene varias implicaciones importantes:

a. **Inmutabilidad de la Sentencia:** Una vez que una sentencia penal ha adquirido firmeza, no puede ser modificada ni revocada por ningún órgano jurisdiccional. La decisión judicial se vuelve definitiva e inalterable, salvo en circunstancias muy excepcionales previstas por la ley, como la aparición de pruebas nuevas o la declaración de nulidad por vicios procesales graves.

b. **Prohibición de la Doble Jeopardía:** La cosa juzgada penal impide que una persona sea juzgada dos veces por los mismos hechos y delitos. Esto significa que una vez que una persona ha sido juzgada y condenada o absuelta por un determinado delito, no puede ser sometida a un nuevo proceso penal por los mismos hechos, incluso si surgen nuevas pruebas o se descubren circunstancias adicionales.

c. **Seguridad Jurídica:** La cosa juzgada penal garantiza la estabilidad y seguridad jurídica al evitar la reiteración de procesos penales sobre los mismos hechos. Esto permite que las partes involucradas en el proceso puedan confiar en la estabilidad de las decisiones judiciales y en la finalidad de las resoluciones emitidas por los tribunales.

d. **Respeto a los Derechos Fundamentales:** La cosa juzgada penal protege los derechos fundamentales de las personas, como el derecho a un juicio justo, al garantizar que una vez que se ha cumplido con el proceso penal y se ha emitido una sentencia definitiva, no se pueda someter nuevamente a la persona a un nuevo proceso penal por los mismos hechos.

En resumen, la cosa juzgada penal es un principio esencial del derecho procesal penal que garantiza la finalidad y estabilidad de las decisiones judiciales, evita la reiteración de procesos sobre los mismos hechos y protege los derechos fundamentales de las personas involucradas en el proceso penal.

10.8. La etapa de ejecución.

10.8.1. Conceptualización.

La etapa de ejecución en el contexto del derecho procesal penal se refiere al período posterior a la emisión de una sentencia penal firme, durante el cual se lleva a cabo la materialización de las disposiciones y medidas ordenadas por el tribunal en la sentencia. En esta etapa, se implementan las decisiones judiciales relacionadas con la ejecución de la pena o las medidas de seguridad impuestas al condenado.

Algunos aspectos importantes de la etapa de ejecución son:

a. **Cumplimiento de la Pena:** En caso de que la sentencia penal incluya la imposición de una pena privativa de libertad, la etapa de ejecución implica el ingreso del condenado en un establecimiento penitenciario para cumplir la pena impuesta. Durante este período, se supervisa el comportamiento del condenado y se garantiza el cumplimiento de las condiciones establecidas en la sentencia.

b. **Control de la Libertad Condicional:** Si la sentencia penal contempla la posibilidad de otorgar la libertad condicional al condenado después de cumplir ciertos requisitos, la etapa de ejecución implica el seguimiento y control del cumplimiento de dichas condiciones por parte del condenado. Esto puede incluir el cumplimiento de un período de prueba, la participación en programas de rehabilitación o la realización de actividades comunitarias.

c. **Reparación del Daño:** En algunos casos, la sentencia penal puede ordenar al condenado que repare el daño causado a las víctimas como parte de la ejecución de la pena. Durante la etapa de ejecución, se supervisa el cumplimiento de esta obligación y se garantiza la compensación adecuada a las víctimas afectadas.

d. **Medidas de Seguridad:** Si la sentencia penal incluye la imposición de medidas de seguridad, como la internación en un centro psiquiátrico, la etapa de ejecución implica la implementación y seguimiento de estas medidas para garantizar la protección de la sociedad y la rehabilitación del condenado.

e. **Control Judicial:** Durante la etapa de ejecución, el tribunal encargado del caso puede llevar a cabo un seguimiento y control periódico del cumplimiento de las disposiciones de la sentencia, así como tomar decisiones adicionales en caso de incumplimiento o necesidad de ajustes en las medidas ordenadas.

En resumen, la etapa de ejecución en el derecho procesal penal se refiere al período en el cual se implementan y supervisan las decisiones judiciales relacionadas con la ejecución de la pena o las medidas de seguridad impuestas en una sentencia penal firme. Es una fase crucial del proceso penal que busca garantizar el cumplimiento efectivo de las disposiciones judiciales y promover la rehabilitación y reinserción social del condenado.

10.8.2. Control de la ejecución de la sentencia penal.

El control de la ejecución de la sentencia penal se refiere al seguimiento y supervisión por parte de las autoridades competentes para asegurar que la sentencia dictada por un tribunal penal se cumpla de manera efectiva y conforme a la ley. Este control se lleva a cabo una vez que la sentencia penal ha adquirido firmeza y se ha vuelto ejecutable, es decir, que ya no puede ser objeto de recursos ordinarios y debe ser puesta en práctica.

Algunos aspectos importantes del control de la ejecución de la sentencia penal son:

a. **Supervisión de Penas:** Las autoridades encargadas del control de la ejecución de la sentencia se aseguran de que las penas impuestas por el tribunal, como la prisión, las multas u otras medidas punitivas, se cumplan de acuerdo a lo establecido en la sentencia.

b. **Vigilancia de Condiciones:** Se verifica que el cumplimiento de las penas se realice en las condiciones establecidas por la sentencia y la legislación penal aplicable, asegurando que se respeten los derechos fundamentales del condenado y que se evite cualquier tipo de trato inhumano o degradante.

c. **Seguimiento de Medidas Alternativas:** En los casos en los que se impongan medidas alternativas a la prisión, como la libertad condicional, el arresto domiciliario o la prestación de servicios comunitarios, se supervisa que el condenado cumpla con dichas medidas de acuerdo a lo establecido en la sentencia y las disposiciones legales correspondientes.

d. **Control de Cumplimiento de Obligaciones:** Además de las penas principales, algunas sentencias penales pueden imponer obligaciones adicionales al condenado, como el pago de indemnizaciones a las víctimas, la realización de tratamientos o programas de rehabilitación, o la participación en actividades de reinserción social. Estas obligaciones también son objeto de control por parte de las autoridades competentes.

e. **Revisión de Progresos:** En algunos casos, especialmente en penas largas o medidas condicionales, se realizan revisiones periódicas para evaluar el progreso del condenado y determinar si se cumplen las condiciones para una posible modificación o revocación de la pena.

En resumen, el control de la ejecución de la sentencia penal es una función fundamental del sistema de justicia penal que garantiza el cumplimiento efectivo de las penas y medidas impuestas por los tribunales, asegurando al mismo tiempo el respeto de los derechos fundamentales de los condenados y promoviendo la reinserción social y la seguridad pública.

10.8.3. Medidas y procedimientos para garantizar el cumplimiento de la pena.

Para garantizar el cumplimiento efectivo de la pena impuesta por una sentencia penal, se utilizan una serie de medidas y procedimientos dentro del sistema de justicia penal. Algunas de estas medidas y procedimientos son:

a. **Supervisión Penitenciaria:** Las autoridades penitenciarias son responsables de supervisar el cumplimiento de las penas privativas de libertad, como la prisión, para asegurarse de que se lleven a cabo de acuerdo con las normas y regulaciones establecidas.

b. **Sistemas de Vigilancia:** Se pueden utilizar sistemas de vigilancia electrónica, como brazaletes o dispositivos GPS, para monitorear el paradero y los movimientos de los condenados que están sujetos a medidas como la libertad condicional o el arresto domiciliario.

c. **Programas de Reinserción Social:** Se implementan programas y servicios dirigidos a la rehabilitación y reinserción de los condenados en la sociedad, que pueden incluir educación, capacitación laboral, tratamiento para adicciones, asesoramiento psicológico y apoyo para la reintegración familiar.

d. **Asistencia Legal:** Los condenados tienen derecho a recibir asistencia legal para garantizar que se respeten sus derechos durante el cumplimiento de la pena y para apelar cualquier decisión o medida que consideren injusta o ilegal.

e. **Seguimiento de Obligaciones Financieras:** Se establecen procedimientos para el seguimiento y la cobranza de las multas y costas judiciales impuestas como parte de la sentencia penal, garantizando que se cumplan las obligaciones financieras del condenado.

f. **Revisión Periódica:** En algunos casos, se realizan revisiones periódicas para evaluar el progreso del condenado y determinar si se cumplen las condiciones para una posible modificación o revocación de la pena, como la libertad condicional o la suspensión de la pena.

g. **Cooperación Internacional:** En casos de condenados extranjeros o delitos transnacionales, se pueden establecer acuerdos de cooperación entre países para supervisar el cumplimiento de las penas y garantizar la ejecución efectiva de las sentencias.

Estas son algunas de las medidas y procedimientos utilizados para garantizar el cumplimiento de la pena en el sistema de justicia penal. La eficacia de estas medidas depende en gran medida de la capacidad del sistema de justicia para implementarlas de manera efectiva y garantizar el respeto de los derechos de los condenados.

CAPÍTULO XI

LA PRUEBA PENAL

11.1. Conceptualización.

La prueba penal se refiere al conjunto de elementos o medios de convicción utilizados en un proceso penal para demostrar la veracidad de los hechos que son objeto de acusación o defensa. Estas pruebas tienen como objetivo principal proporcionar al tribunal la información necesaria para determinar la culpabilidad o inocencia del acusado, así como para fundamentar su decisión de manera objetiva y justa.

La prueba penal puede ser de diversa naturaleza y puede incluir:

a. **Pruebas Documentales:** Son documentos escritos, como contratos, registros, informes, correos electrónicos, mensajes de texto, entre otros, que pueden ser relevantes para el caso penal. Estas pruebas pueden proporcionar información sobre la existencia de ciertos hechos o sobre la relación entre las partes involucradas en el proceso.

b. **Pruebas Testimoniales:** Consisten en los testimonios o declaraciones de personas que han presenciado o tienen conocimiento directo de los hechos relacionados con el caso penal. Los testigos son interrogados por las partes y por el tribunal para proporcionar su versión de los hechos y pueden ser clave para la determinación de la verdad procesal.

c. **Pruebas Periciales:** Son aquellas realizadas por expertos en campos específicos, como la medicina forense, la psicología, la contabilidad, la ingeniería, entre otros, con el fin de proporcionar al tribunal conocimientos técnicos o científicos relevantes para el caso penal. Estas pruebas pueden ayudar a esclarecer aspectos técnicos o complejos del caso.

d. **Pruebas Materiales o Reales:** Se refieren a objetos físicos o evidencia material que se presenta ante el tribunal para demostrar la existencia de ciertos hechos o circunstancias relevantes para el caso penal. Estas pruebas pueden incluir armas, drogas, huellas dactilares, muestras de ADN, entre otros.

e. **Pruebas Circunstanciales:** Son aquellas que no demuestran directamente los hechos controvertidos, pero que, al considerarse en conjunto, permiten inferir la verdad de los mismos. Estas pruebas pueden incluir patrones de conducta, testimonios indirectos o evidencia de contexto que respalda la versión de los hechos presentada por una de las partes.

En resumen, la prueba penal es fundamental en el proceso penal para establecer la verdad de los hechos y determinar la responsabilidad penal de los acusados. La admisión y valoración de las pruebas se realiza de acuerdo con las reglas procesales y los principios del derecho probatorio, garantizando la imparcialidad, la equidad y el respeto a los derechos de todas las partes involucradas en el proceso.

11.2. Naturaleza de la prueba penal.

La naturaleza de la prueba penal se encuentra estrechamente ligada a su función dentro del proceso penal y a los principios que rigen la administración de justicia. A continuación, se destacan algunos aspectos importantes de la naturaleza de la prueba penal:

a. **Instrumento de Verdad:** La prueba penal es el medio a través del cual se busca establecer la verdad de los hechos que son objeto de debate en el proceso penal. Su propósito es proporcionar al tribunal la información necesaria para tomar una decisión fundada en la realidad de lo ocurrido.

b. **Instrumento de Convicción:** La prueba penal tiene como objetivo persuadir al tribunal sobre la veracidad de los hechos alegados por las partes. Su finalidad es generar convicción en el juzgador respecto a la culpabilidad o inocencia del acusado, basada en la fuerza probatoria de los elementos presentados.

c. **Instrumento de Garantía:** La prueba penal cumple una función garantista al asegurar que la decisión judicial se base en información objetiva y fidedigna, evitando así la arbitrariedad y protegiendo los derechos fundamentales de las partes involucradas en el proceso.

d. **Instrumento de Contradicción:** La prueba penal permite que las partes en el proceso tengan la oportunidad de presentar sus argumentos y contradecir las afirmaciones de la contraparte. Esto contribuye a garantizar un debate equitativo y transparente, en el cual se puedan exponer todos los puntos de vista relevantes para la resolución del caso.

e. **Instrumento de Legalidad:** La prueba penal debe ser obtenida y presentada de acuerdo con las reglas y procedimientos establecidos por la ley. Su admisión y valoración están sujetas a principios legales y jurisprudenciales que garantizan su validez y credibilidad.

En resumen, la naturaleza de la prueba penal es multifacética y responde a su función esencial como medio de establecer la verdad, convencer al tribunal, garantizar los derechos de las partes y asegurar el cumplimiento de las normas procesales y legales vigentes.

11.3. Principios rectores.

Los principios rectores de la prueba penal son un conjunto de normas y criterios que guían la obtención, presentación, admisión y valoración de las pruebas en el proceso penal. Estos principios son fundamentales para garantizar la legalidad, equidad y efectividad del sistema de justicia penal. Algunos de los principales principios rectores de la prueba penal incluyen:

a. **Principio de Legalidad:** La obtención y presentación de pruebas debe realizarse de conformidad con las normas y procedimientos establecidos por la ley. Esto implica que las pruebas obtenidas de manera ilegal o contraria a los derechos fundamentales deben ser excluidas del proceso.

b. **Principio de Pertinencia:** Las pruebas presentadas deben ser relevantes y útiles para la resolución del caso penal. Solo se admiten aquellas pruebas que tengan relación directa con los hechos controvertidos y que contribuyan a esclarecer la verdad.

c. **Principio de Admisibilidad:** Las pruebas deben ser objeto de una evaluación previa por parte del tribunal para determinar su pertinencia y conformidad con las reglas procesales. Solo las pruebas que cumplan con los requisitos legales deben ser admitidas y consideradas en el proceso.

d. **Principio de Contradicción:** Las partes tienen derecho a conocer y controvertir las pruebas presentadas por la contraparte. Esto implica que se debe garantizar el derecho a la defensa y la posibilidad de refutar o impugnar las pruebas presentadas por la parte adversa.

e. **Principio de Publicidad:** Las pruebas y actuaciones procesales deben desarrollarse en un ambiente de transparencia y publicidad, garantizando el acceso de las partes, los medios de comunicación y el público en general a las audiencias y diligencias judiciales.

f. **Principio de Valoración Integral:** El tribunal debe valorar todas las pruebas presentadas en su conjunto y de manera integral, considerando su conjunto y coherencia para llegar a una decisión fundada en la verdad material del caso.

g. **Principio de Inmediación:** El tribunal debe presenciar directamente la presentación de las pruebas y la declaración de los testigos, asegurando así una evaluación directa de la credibilidad y fiabilidad de la evidencia presentada.

Estos son algunos de los principios rectores de la prueba penal que garantizan un proceso justo, equitativo y conforme a derecho. Su aplicación adecuada contribuye a fortalecer la confianza en el sistema de justicia penal y a proteger los derechos de todas las partes involucradas en el proceso.

11.4. Objeto de la prueba penal.

El objeto de la prueba penal se refiere a los hechos que están en disputa y que deben ser demostrados o refutados durante el proceso penal. En otras palabras, es aquello sobre lo cual recae la actividad probatoria de las partes y el tribunal para determinar la verdad de los hechos y, por ende, la culpabilidad o inocencia del acusado. El objeto de la prueba penal puede variar según la naturaleza del delito y las circunstancias particulares de cada caso, pero en general incluye aspectos como:

a. **Existencia del Delito:** La prueba penal puede dirigirse a demostrar la comisión del delito que se imputa al acusado, estableciendo los actos u omisiones que constituyen el ilícito penal y su vinculación con el acusado.

b. **Circunstancias Agravantes o Atenuantes:** Se pueden presentar pruebas para demostrar la existencia de circunstancias que agravan o atenúan la responsabilidad del acusado, como la premeditación, la reincidencia, el arrepentimiento o la influencia de terceros.

c. **Participación del Acusado:** La prueba puede dirigirse a establecer la participación del acusado en la comisión del delito, demostrando su intervención directa o indirecta, su grado de culpabilidad y su relación con los demás implicados.

d. **Circunstancias Eximentes o Justificativas:** Se pueden presentar pruebas para demostrar la existencia de circunstancias que eximen o justifican la responsabilidad penal del acusado, como la legítima defensa, el estado de necesidad o la inimputabilidad por enfermedad mental.

e. **Daño Causado:** La prueba puede dirigirse a demostrar el daño causado por el delito, ya sea en términos de lesiones físicas, daños materiales, perjuicios económicos o impacto psicológico en las víctimas.

f. **Otros Elementos Relevantes:** Además de los aspectos mencionados, el objeto de la prueba penal puede incluir otros elementos relevantes para la determinación de la responsabilidad penal del acusado, como la identificación de los implicados, la secuencia de los eventos, la motivación del delito y las pruebas de descargo presentadas por la defensa.

En resumen, el objeto de la prueba penal abarca todos aquellos aspectos necesarios para establecer la verdad de los hechos y determinar la responsabilidad penal del acusado en el marco del proceso penal. La actividad probatoria se orienta hacia la demostración o refutación de estos elementos, con el fin de llegar a una decisión justa y fundada en la verdad material del caso.

11.5. Clasificación de la prueba penal.

La prueba penal puede clasificarse de diversas formas según distintos criterios. A continuación, se presenta una clasificación comúnmente utilizada:

a. **Pruebas Directas e Indirectas:**

- **Pruebas Directas:** Son aquellas que aportan evidencia directa sobre los hechos en disputa, como testimonios presenciales, documentos originales, grabaciones de audio o video de los hechos, entre otros.

- **Pruebas Indirectas:** También conocidas como pruebas circunstanciales, son aquellas que no prueban directamente los hechos, pero permiten inferir su existencia a partir de otras circunstancias o indicios relacionados.

b. **Pruebas Personales y Reales:**

- **Pruebas Personales:** Son aquellas que se obtienen a través del testimonio de personas, como testigos presenciales, peritos, víctimas o acusados.

- **Pruebas Reales:** También conocidas como pruebas materiales, son aquellas que consisten en objetos físicos, documentos, armas u otros elementos tangibles que tienen relevancia para el caso.

c. **Pruebas Directas e Indirectas:**

- **Pruebas Directas:** Son aquellas que prueban los hechos en cuestión por sí mismas, sin necesidad de inferencias o deducciones adicionales.

- **Pruebas Indirectas:** Son aquellas que no prueban directamente los hechos, pero permiten inferir su existencia a partir de otras circunstancias o indicios relacionados.

d. **Pruebas Documentales, Testimoniales y Periciales:**

- **Pruebas Documentales:** Son aquellas que se refieren a documentos escritos, como contratos, informes, registros, entre otros.

- **Pruebas Testimoniales:** Son aquellas que se obtienen a través del testimonio oral de testigos presenciales, víctimas, acusados o expertos.

- **Pruebas Periciales:** Son aquellas que se obtienen a través del análisis técnico o científico realizado por expertos en áreas específicas, como la medicina forense, la contabilidad o la ingeniería.

e. **Pruebas Circunstanciales y Directas:**

- **Pruebas Circunstanciales:** Son aquellas que, aunque no prueban directamente los hechos, permiten inferir su existencia a partir de otras circunstancias o indicios relacionados.

- **Pruebas Directas:** Son aquellas que prueban los hechos en cuestión por sí mismas, sin necesidad de inferencias o deducciones adicionales

Estas son algunas de las clasificaciones más comunes de la prueba penal, las cuales pueden ser útiles para comprender la diversidad de medios de prueba que pueden ser presentados en un proceso penal y su respectiva valoración por parte del tribunal.

11.6. Admisión de la prueba penal.

La admisión de la prueba penal se refiere al proceso mediante el cual el tribunal decide sobre la pertinencia y validez de las pruebas presentadas por las partes durante el proceso penal. Este proceso tiene como objetivo determinar qué pruebas serán consideradas como parte del expediente judicial y, por lo tanto, serán tomadas en cuenta para la resolución del caso. A continuación, se describen los pasos típicos del proceso de admisión de la prueba penal:

a. **Presentación de la Prueba:** Las partes en el proceso penal (fiscalía, defensa, parte civil, etc.) presentan las pruebas que consideran relevantes para su posición en el caso. Estas pruebas pueden ser documentales, testimoniales, periciales, materiales, entre otras.

b. **Objeciones:** La parte contraria tiene la oportunidad de objetar la admisión de las pruebas presentadas por la otra parte. Las objeciones pueden basarse en diversos motivos, como la falta de pertinencia, la ilegalidad en la obtención de la prueba, la falta de autenticidad, entre otros.

c. **Evaluación por el Tribunal:** El tribunal evalúa las pruebas presentadas y las objeciones realizadas por las partes. El juez o jueza analiza si las pruebas son pertinentes para la resolución del caso y si cumplen con los requisitos legales para ser admitidas como prueba válida en el proceso penal.

d. **Razones de Admisión o Rechazo:** El tribunal emite una decisión sobre la admisión o el rechazo de las pruebas presentadas. Esta decisión se fundamenta en las normas procesales, las leyes aplicables y los principios del derecho probatorio. En caso de admitir una prueba, el tribunal puede establecer condiciones específicas para su presentación o valoración.

e. **Registro en el Expediente:** Las pruebas admitidas por el tribunal se incorporan al expediente judicial y quedan registradas como parte del proceso penal. Estas pruebas son tomadas en cuenta por el tribunal al momento de deliberar y emitir su decisión final sobre el caso.

Es importante destacar que la admisión de la prueba penal es una etapa crucial del proceso penal, ya que determina qué evidencia será considerada por el tribunal para resolver el caso. El tribunal debe asegurarse de garantizar un proceso justo y equitativo, respetando los derechos de las partes y aplicando las reglas procesales y legales vigentes en materia de prueba penal.

11.7. La actividad probatoria.

11.7.1. Conceptualización.

La actividad probatoria en el contexto del proceso penal se refiere al conjunto de acciones llevadas a cabo por las partes y el tribunal con el fin de obtener, presentar, evaluar y valorar las pruebas pertinentes para esclarecer los hechos controvertidos y fundamentar la decisión judicial. En otras palabras, es el proceso mediante el cual se busca establecer la verdad de los hechos alegados por las partes y determinar la responsabilidad penal del acusado.

La actividad probatoria es un componente esencial del proceso penal, que permite a las partes y al tribunal establecer la verdad de los hechos y garantizar la justicia en la resolución de los casos penales.

11.7.2. Principios.

Los principios que rigen la actividad probatoria en el contexto del proceso penal son fundamentales para garantizar un proceso justo, equitativo y transparente. A continuación, se destacan algunos de los principales principios de la actividad probatoria:

a. **Principio de Legalidad:** La actividad probatoria debe realizarse conforme a las normas y procedimientos establecidos por la ley. Esto implica que tanto la obtención como la presentación de pruebas deben respetar los derechos fundamentales de las partes y estar sujetas a las reglas procesales vigentes.

b. **Principio de Pertinencia:** Las pruebas presentadas deben ser relevantes y útiles para la resolución del caso. Deben tener relación directa con los hechos en disputa y contribuir a esclarecer la verdad material del caso.

c. **Principio de Contradicción:** Las partes tienen derecho a conocer y controvertir las pruebas presentadas por la contraparte. Esto implica que se debe garantizar el derecho a la defensa y la posibilidad de refutar o impugnar las pruebas presentadas por la otra parte.

d. **Principio de Oralidad:** La actividad probatoria debe desarrollarse principalmente de manera oral, ante el tribunal y en presencia de las partes. Esto favorece el debate directo entre las partes, la inmediación del tribunal y la transparencia del proceso.

e. **Principio de Inmediación:** El tribunal debe presenciar directamente la actividad probatoria y tener un contacto directo con los medios de prueba presentados. Esto permite al juez o jueza evaluar la credibilidad de los testigos, la calidad de la evidencia y la consistencia de los argumentos presentados.

f. **Principio de Concentración:** La actividad probatoria debe concentrarse en las cuestiones relevantes para la resolución del caso, evitando dilaciones innecesarias o desviaciones del objeto del proceso.

g. **Principio de Valoración Integral:** El tribunal debe valorar todas las pruebas presentadas en su conjunto y de manera integral, considerando su conjunto y coherencia para llegar a una decisión fundada en la verdad material del caso.

h. **Principio de Publicidad:** La actividad probatoria y las actuaciones procesales deben desarrollarse en un ambiente de transparencia y publicidad, garantizando el acceso de las partes, los medios de comunicación y el público en general a las audiencias y diligencias judiciales.

Estos principios son fundamentales para asegurar la legalidad, equidad y efectividad de la actividad probatoria en el proceso penal, contribuyendo así a la protección de los derechos de las partes y a la búsqueda de la verdad procesal.

11.7.3. Etapas.

La actividad probatoria en el proceso penal se desarrolla a lo largo de varias etapas, que van desde la obtención de pruebas hasta su valoración por parte del tribunal. A continuación, se describen las principales etapas de la actividad probatoria:

a. **Obtención de Pruebas:** En esta etapa, las partes en el proceso penal (fiscalía, defensa, parte civil, etc.) realizan investigaciones, recolectan evidencia y reúnen información relevante para su posición en el caso. Esto puede incluir la recopilación de documentos, la realización de entrevistas, la obtención de testimonios, el análisis de pruebas periciales, entre otras actividades.

b. **Presentación de Pruebas:** Una vez obtenidas, las partes presentan las pruebas pertinentes ante el tribunal para su consideración. Esto puede implicar la presentación de documentos, la citación de testigos, la solicitud de peritajes, la exhibición de evidencia física, entre otros medios de prueba.

c. **Contradicción de Pruebas:** Después de que se presentan las pruebas, las partes tienen la oportunidad de contradecir las pruebas presentadas por la contraparte. Esto se realiza a través del interrogatorio de testigos, la presentación de pruebas de refutación, la realización de objeciones, entre otras acciones.

d. **Valoración de Pruebas:** Una vez presentadas todas las pruebas y escuchados los argumentos de las partes, el tribunal evalúa y valora las pruebas presentadas. Esto implica analizar la calidad de la evidencia, considerar su consistencia con otros elementos del caso, y aplicar los criterios legales y jurisprudenciales para su valoración.

e. **Decisión Fundada:** Finalmente, con base en la actividad probatoria desarrollada durante el proceso penal, el tribunal emite una decisión fundada en la ley y en los hechos probados en el caso. Esta decisión puede ser una sentencia condenatoria o absolutoria, en la cual se establece la responsabilidad penal del acusado o se declara su inocencia.

Estas son las principales etapas de la actividad probatoria en el proceso penal, que tienen como objetivo establecer la verdad de los hechos y garantizar la justicia en la resolución de los casos penales. Cada etapa requiere el cumplimiento de los principios procesales y el respeto de los derechos de las partes involucradas.

11.8. Medios probatorios típicos.

11.8.1. La confesión.

La confesión es un medio probatorio de gran relevancia en el proceso penal. Consiste en la declaración voluntaria y consciente que realiza el acusado, admitiendo su participación en la comisión del delito que se le imputa. La confesión puede ser realizada de manera expresa, cuando el acusado admite directamente su culpabilidad, o de manera implícita, cuando sus actos o palabras sugieren su responsabilidad en el delito.

La confesión tiene un peso significativo en el proceso penal y puede ser considerada como una prueba contundente de la culpabilidad del acusado. Sin embargo, su valoración por parte del tribunal debe realizarse con cautela y considerando ciertos aspectos:

a. **Voluntariedad:** La confesión debe ser realizada de manera voluntaria, sin coacción, amenazas o promesas de beneficios por parte de las autoridades. Si se demuestra que la confesión fue obtenida de manera involuntaria, esta no tendrá validez como prueba en el proceso penal.

b. **Legalidad:** La confesión debe ser realizada ante las autoridades competentes y en el marco de un procedimiento legalmente establecido. Debe respetarse el derecho del acusado a ser asistido por un abogado y a guardar silencio si así lo desea.

c. **Corroboración:** Aunque la confesión puede ser un medio probatorio poderoso, es importante que existan otros elementos de prueba que corroboren la veracidad de los hechos confesados. Esto puede incluir evidencia física, testimonios de testigos, peritajes, entre otros medios de prueba.

d. **Posibilidad de Retractación:** El acusado tiene derecho a retractarse de su confesión en cualquier momento del proceso penal, si así lo desea. En tal caso, el tribunal deberá valorar tanto la confesión inicial como la retractación, teniendo en cuenta todas las circunstancias del caso.

En resumen, la confesión puede ser un medio probatorio relevante en el proceso penal, pero su valoración debe realizarse con cautela y considerando todos los elementos pertinentes. Es fundamental garantizar que la confesión sea obtenida de manera voluntaria y legal, y que existan otros elementos de prueba que respalden su veracidad.

11.8.2. La declaración testimonial.

La declaración testimonial es uno de los medios probatorios más comunes y significativos en el proceso penal. Consiste en el testimonio oral de una persona que, en calidad de testigo, ofrece su versión de los hechos presenciados o conocidos por él en relación con el caso en cuestión. Estas declaraciones pueden ser fundamentales para esclarecer los hechos, establecer la verdad y determinar la responsabilidad penal de los implicados.

Aquí hay algunos aspectos clave sobre la declaración testimonial como medio probatorio en el proceso penal:

a. **Relevancia:** Las declaraciones testimoniales son relevantes cuando aportan información sobre los hechos del caso. Los testigos pueden proporcionar detalles sobre lo que vieron, escucharon o saben sobre el delito en cuestión, así como también sobre las circunstancias que rodean el evento.

b. **Admisibilidad:** Las declaraciones testimoniales son admitidas como pruebas siempre que sean relevantes para el caso y no estén sujetas a exclusiones específicas (por ejemplo, por ser testimonios obtenidos de manera ilegal o por ser declaraciones de testigos incompetentes).

c. **Credibilidad:** La credibilidad del testigo es un factor crucial en la valoración de su testimonio. El tribunal evalúa diversos aspectos, como la consistencia en sus declaraciones, su capacidad de observación, su relación con las partes involucradas, y cualquier posible motivo de sesgo o interés personal.

d. **Contradicción y Corroboración:** La declaración testimonial puede ser corroborada por otras pruebas presentadas en el caso, como evidencia física, documentos, registros, testimonios de otros testigos, etc. Del mismo modo, las contradicciones entre las declaraciones de diferentes testigos pueden ser analizadas por el tribunal para evaluar la veracidad de cada testimonio.

e. **Interrogatorio y Contrainterrogatorio:** Durante el juicio, las partes tienen la oportunidad de interrogar y contrainterrogar a los testigos para explorar sus declaraciones, aclarar puntos importantes y cuestionar su credibilidad. Esto forma parte del proceso de búsqueda de la verdad y garantiza un examen exhaustivo de la evidencia testimonial.

En resumen, la declaración testimonial es un medio probatorio esencial en el proceso penal, que puede proporcionar información valiosa para la resolución del caso. Sin embargo, su valoración requiere un análisis cuidadoso por parte del tribunal, teniendo en cuenta la credibilidad de los testigos, la consistencia de sus declaraciones y su coherencia con otras pruebas presentadas en el caso.

11.8.3. La declaración del agraviado.

La declaración del agraviado, también conocido como la víctima o la parte perjudicada, es un medio probatorio fundamental en el proceso penal. Consiste en el testimonio ofrecido por la persona que ha sufrido directamente las consecuencias del delito y que, por lo tanto, puede proporcionar información crucial sobre los hechos, las circunstancias y el impacto del delito en su vida.

Aquí se destacan algunos aspectos importantes sobre la declaración del agraviado como medio probatorio en el proceso penal:

a. **Relevancia:** La declaración del agraviado es relevante porque ofrece una perspectiva única y directa sobre los hechos delictivos. La víctima puede proporcionar detalles sobre lo que experimentó, vio, escuchó o sintió en relación con el delito, así como sobre las consecuencias físicas, emocionales o económicas que ha sufrido como resultado del mismo.

b. **Admisibilidad:** La declaración del agraviado es generalmente admitida como prueba en el proceso penal, siempre que cumpla con los requisitos de pertinencia y legalidad. Sin embargo, es importante que la declaración sea obtenida de manera voluntaria y sin coerción, y que sea presentada de acuerdo con los procedimientos establecidos por la ley.

c. **Credibilidad:** Al igual que con cualquier otro testimonio, la credibilidad de la declaración del agraviado es un factor crucial en su valoración por parte del tribunal. Se evalúa la consistencia en sus declaraciones, su capacidad de observación, su coherencia con otras pruebas presentadas en el caso y cualquier posible motivo de sesgo o interés personal.

d. **Protección:** Es fundamental garantizar la protección y el respeto de los derechos de la víctima durante su declaración. Esto incluye brindarle un ambiente seguro y propicio para expresarse, garantizar su derecho a ser escuchada sin ser revictimizada o intimidada, y ofrecerle apoyo emocional y asistencia legal si así lo requiere.

e. **Impacto en la Sentencia:** La declaración del agraviado puede tener un impacto significativo en la determinación de la culpabilidad del acusado y en la imposición de la pena. El tribunal puede tomar en consideración el testimonio de la víctima al evaluar la gravedad del delito, la responsabilidad del acusado y la necesidad de reparar el daño causado.

En resumen, la declaración del agraviado es un medio probatorio importante en el proceso penal, que puede proporcionar información valiosa para la resolución del caso y para la búsqueda de justicia para la víctima. Es fundamental garantizar su protección, su derecho a ser escuchada y su participación activa en el proceso penal.

11.8.4. Las pericias.

Las pericias, también conocidas como pruebas periciales o informes periciales, son un medio probatorio esencial en el proceso penal. Consisten en la evaluación técnica y especializada realizada por expertos en diversas áreas del conocimiento con el fin de aportar elementos de juicio objetivos y científicos sobre aspectos relevantes para el caso en cuestión.

A continuación, se destacan algunos aspectos importantes sobre las pericias como medio probatorio en el proceso penal:

a. **Relevancia y Especialización:** Las pericias son relevantes cuando se requiere de conocimientos técnicos, científicos o especializados para determinar aspectos específicos del caso, como la causa de la muerte, la autenticidad de un documento, el análisis de ADN, la evaluación de daños, entre otros.

b. **Admisibilidad:** Las pericias son admitidas como pruebas en el proceso penal siempre que sean pertinentes para el caso y cumplan con los requisitos de legalidad y fiabilidad. Es importante que las pericias sean realizadas por expertos calificados y que sigan los procedimientos técnicos y metodológicos adecuados.

c. **Credibilidad:** La credibilidad de las pericias depende de la competencia y la imparcialidad de los expertos que las realizan, así como de la calidad y precisión de los métodos utilizados y de los resultados obtenidos. El tribunal evalúa la idoneidad de los peritos, la objetividad de sus conclusiones y la consistencia con otras pruebas presentadas en el caso.

d. **Contradicción y Contrapericia:** Las partes tienen la oportunidad de cuestionar las pericias presentadas por la contraparte y de presentar pericias contradictorias o contrapericias realizadas por otros expertos. Esto permite al tribunal contar con diferentes puntos de vista y evidencia técnica para tomar una decisión informada.

e. **Valoración Judicial:** La valoración de las pericias por parte del tribunal requiere de un análisis cuidadoso y crítico de los métodos utilizados, los resultados obtenidos y las conclusiones alcanzadas. El juez o jueza debe evaluar la idoneidad y la fiabilidad de las pericias, así como su relevancia para la resolución del caso.

En resumen, las pericias son un medio probatorio valioso en el proceso penal, que proporciona información técnica y científica para esclarecer los hechos y fundamentar la decisión judicial. Su adecuada realización, presentación y valoración contribuyen a garantizar la búsqueda de la verdad y la justicia en el proceso penal.

11.8.5. Los documentos.

Los documentos son un medio probatorio crucial en el proceso penal y pueden tomar diversas formas, como registros escritos, fotografías, videos, grabaciones de audio, correos electrónicos, entre otros. Aquí se describen algunos aspectos importantes sobre los documentos como medio probatorio:

a. **Relevancia y Autenticidad:** Los documentos son relevantes cuando pueden aportar información sobre los hechos del caso. Es fundamental que los documentos presentados sean auténticos y estén relacionados de manera directa o indirecta con los eventos en cuestión.

b. **Admisibilidad:** Los documentos son admitidos como pruebas en el proceso penal siempre que sean pertinentes para el caso y cumplan con los requisitos de legalidad. Es importante que los documentos presentados sean obtenidos de manera lícita y que no estén sujetos a exclusiones específicas, como la obtención ilegal de pruebas.

c. **Credibilidad:** La credibilidad de los documentos depende de su origen, su contenido y su veracidad. El tribunal evalúa la autenticidad de los documentos presentados y considera su consistencia con otros elementos de prueba para determinar su credibilidad y fiabilidad.

d. **Contradicción y Verificación:** Las partes tienen la oportunidad de cuestionar la autenticidad y la veracidad de los documentos presentados por la contraparte y de presentar pruebas contradictorias o contraindicaciones que pongan en duda su validez. Esto permite al tribunal obtener una visión más completa y precisa de la evidencia documental.

e. **Valoración Judicial:** La valoración de los documentos por parte del tribunal requiere de un análisis cuidadoso y crítico del contenido, el contexto y la relevancia de los mismos. El juez o jueza debe evaluar la idoneidad y la fiabilidad de los documentos, así como su contribución a la resolución del caso.

En resumen, los documentos son un medio probatorio valioso en el proceso penal, que proporciona evidencia tangible y objetiva sobre los hechos del caso. Su adecuada presentación, autenticación y valoración contribuyen a garantizar la búsqueda de la verdad y la justicia en el proceso penal.

11.8.6. La inspección in situ.

La inspección in situ es un medio probatorio importante en el proceso penal, que consiste en la visita física que realiza el tribunal, las partes o los peritos al lugar donde ocurrieron los hechos delictivos o donde se encuentran elementos relevantes para el caso. Esta inspección tiene como objetivo observar directamente las condiciones, el entorno y cualquier otro aspecto relevante que pueda aportar información adicional sobre los hechos en cuestión.

A continuación, se destacan algunos aspectos importantes sobre la inspección in situ como medio probatorio en el proceso penal:

a. **Relevancia y Pertinencia:** La inspección in situ es relevante cuando puede proporcionar información adicional sobre los hechos del caso que no puede obtenerse de otra manera. Permite al tribunal obtener una perspectiva directa y visual del lugar donde ocurrieron los eventos, lo que puede ayudar a esclarecer la secuencia de los hechos, la ubicación de las personas involucradas y otros aspectos relevantes para el caso.

173

b. **Admisibilidad:** La inspección in situ es admitida como prueba en el proceso penal siempre que sea pertinente para el caso y cumpla con los requisitos de legalidad. Es importante que la inspección sea realizada de acuerdo con los procedimientos establecidos por la ley y que se respeten los derechos de las partes involucradas.

c. **Registro y Documentación:** Durante la inspección in situ, es fundamental registrar y documentar de manera adecuada todas las observaciones, hallazgos y evidencia relevante que se obtengan. Esto puede incluir fotografías, videos, croquis, notas y cualquier otro medio de registro que permita documentar de manera precisa lo observado durante la inspección.

d. **Contradicción y Contrapericia:** Las partes tienen la oportunidad de cuestionar los hallazgos realizados durante la inspección in situ y de presentar evidencia contradictoria o contrapericial que ponga en duda su validez. Esto permite al tribunal obtener una visión más completa y precisa de los hechos en cuestión.

e. **Valoración Judicial:** La valoración de la inspección in situ por parte del tribunal requiere de un análisis cuidadoso y crítico de los hallazgos y la evidencia obtenida durante la misma. El juez o jueza debe evaluar la relevancia y la fiabilidad de los hallazgos de la inspección y considerar su contribución a la resolución del caso.

En resumen, la inspección in situ es un medio probatorio valioso en el proceso penal, que proporciona información directa y objetiva sobre los hechos del caso. Su adecuada realización, documentación y valoración contribuyen a garantizar la búsqueda de la verdad y la justicia en el proceso penal.

11.8.7. Reconstrucción de los hechos.

La reconstrucción de los hechos es un medio probatorio importante en el proceso penal, que consiste en recrear o visualizar cómo ocurrieron los eventos en cuestión. Este proceso se lleva a cabo con el fin de obtener una comprensión más clara y precisa de los hechos delictivos, su secuencia, ubicación y cualquier otro detalle relevante para el caso.

A continuación, se destacan algunos aspectos importantes sobre la reconstrucción de los hechos como medio probatorio en el proceso penal:

a. **Relevancia y Pertinencia:** La reconstrucción de los hechos es relevante cuando puede proporcionar información adicional sobre la dinámica y la secuencia de los eventos delictivos. Permite al tribunal y a las partes involucradas en el caso visualizar y comprender mejor cómo ocurrieron los hechos y cómo se relacionan entre sí.

b. **Admisibilidad:** La reconstrucción de los hechos es admitida como prueba en el proceso penal siempre que sea pertinente para el caso y cumpla con los requisitos de legalidad. Es importante que la reconstrucción sea realizada de manera objetiva e imparcial, y que se respeten los derechos de las partes involucradas.

c. **Metodología y Procedimiento:** La reconstrucción de los hechos puede llevarse a cabo utilizando diversas metodologías y técnicas, como la simulación, la recreación virtual, la elaboración de maquetas o diagramas, entre otros. Es fundamental que el proceso de reconstrucción sea llevado a cabo de manera rigurosa y precisa, utilizando información verificada y confiable.

175

d. **Contradicción y Contrapericia:** Las partes tienen la oportunidad de cuestionar los resultados de la reconstrucción de los hechos y de presentar evidencia contradictoria o contrapericial que ponga en duda su validez. Esto permite al tribunal obtener una visión más completa y precisa de los eventos delictivos en cuestión.

e. **Valoración Judicial:** La valoración de la reconstrucción de los hechos por parte del tribunal requiere de un análisis cuidadoso y crítico de los resultados obtenidos durante el proceso. El juez o jueza debe evaluar la relevancia y la fiabilidad de la reconstrucción y considerar su contribución a la resolución del caso.

En resumen, la reconstrucción de los hechos es un medio probatorio valioso en el proceso penal, que permite obtener una comprensión más clara y precisa de los eventos delictivos. Su adecuada realización, metodología y valoración contribuyen a garantizar la búsqueda de la verdad y la justicia en el proceso penal.

11.9. Medios probatorios atípicos.

11.9.1. Pruebas genéticas.

Las pruebas genéticas son un medio probatorio crucial en el proceso penal que utiliza la información genética para identificar a los individuos, determinar la relación biológica entre personas, y en algunos casos, establecer la presencia o ausencia de un individuo en el lugar de un delito o en relación con evidencia física encontrada en la escena del crimen.

Aquí hay algunos aspectos importantes sobre las pruebas genéticas como medio probatorio en el proceso penal:

a. **Relevancia:** Las pruebas genéticas son relevantes cuando se busca establecer la identidad de una persona, la relación biológica entre individuos (como la paternidad/maternidad), o cuando se necesita analizar evidencia biológica encontrada en la escena del crimen (como muestras de sangre, saliva, semen, cabello, uñas, etc.) para identificar a un sospechoso o víctima, o para vincularlo con el delito.

b. **Admisibilidad:** Las pruebas genéticas son admitidas como pruebas en el proceso penal siempre que sean realizadas por laboratorios certificados, utilizando métodos científicos validados y cumpliendo con los estándares legales de procedimiento. Es importante que se respeten los derechos del acusado y que las muestras genéticas sean obtenidas de manera legal y ética.

c. **Credibilidad:** La credibilidad de las pruebas genéticas depende de la precisión y fiabilidad del análisis realizado, así como de la cadena de custodia adecuada de las muestras. Los resultados de las pruebas deben ser interpretados por expertos cualificados y presentados de manera clara y objetiva ante el tribunal.

d. **Contradicción y Contrapericia:** Las partes tienen derecho a cuestionar los resultados de las pruebas genéticas presentadas por la contraparte y a presentar contrapericias realizadas por otros expertos en genética forense. Esto permite al tribunal evaluar diferentes interpretaciones de la evidencia genética y tomar una decisión informada.

e. **Valoración Judicial:** La valoración de las pruebas genéticas por parte del tribunal requiere un análisis cuidadoso de los métodos utilizados, la calidad de las muestras, la interpretación de los resultados y su relevancia para el caso en cuestión. El juez o jueza debe considerar la credibilidad de las pruebas genéticas junto con otros elementos de prueba presentados en el caso.

En resumen, las pruebas genéticas son un medio probatorio poderoso en el proceso penal, que puede proporcionar evidencia científica objetiva para la resolución de casos criminales. Su adecuada realización, interpretación y valoración contribuyen a garantizar la búsqueda de la verdad y la justicia en el proceso penal.

11.9.2. Pruebas informáticas o digitales.

Las pruebas informáticas o digitales son un medio probatorio cada vez más relevante en el proceso penal, especialmente en casos relacionados con delitos informáticos, ciberdelitos y aquellos que involucran el uso de tecnologías de la información y la comunicación. Estas pruebas pueden incluir una amplia gama de evidencia digital, como archivos electrónicos, correos electrónicos, registros de actividad en línea, conversaciones en redes sociales, historiales de navegación, metadatos, entre otros.

Aquí hay algunos aspectos importantes sobre las pruebas informáticas o digitales como medio probatorio en el proceso penal:

a. **Relevancia:** Las pruebas informáticas o digitales son relevantes cuando pueden aportar información sobre los hechos del caso, como la autoría de un delito, la comunicación entre los implicados, la manipulación de evidencia, o la realización de transacciones ilícitas en línea, entre otros.

b. **Admisibilidad:** Las pruebas informáticas o digitales son admitidas como pruebas en el proceso penal siempre que sean obtenidas de manera legal y cumplan con los requisitos de autenticidad, integridad y fiabilidad. Es importante que se respeten los derechos de privacidad y propiedad de las partes involucradas y que se sigan los procedimientos establecidos por la ley para la obtención y presentación de la evidencia digital.

c. **Credibilidad:** La credibilidad de las pruebas informáticas o digitales depende de la integridad y autenticidad de la evidencia presentada, así como de la competencia y la imparcialidad de los expertos que las analizan. El tribunal evalúa la calidad de la evidencia digital y la metodología utilizada para su obtención y análisis.

d. **Contradicción y Contrapericia:** Las partes tienen derecho a cuestionar la autenticidad, integridad y fiabilidad de las pruebas informáticas o digitales presentadas por la contraparte y a presentar contrapericias realizadas por otros expertos en informática forense. Esto permite al tribunal obtener una visión más completa y precisa de la evidencia digital y evaluar su peso probatorio en el caso.

e. **Valoración Judicial:** La valoración de las pruebas informáticas o digitales por parte del tribunal requiere un análisis cuidadoso de la autenticidad, integridad, fiabilidad y relevancia de la evidencia presentada. El juez o jueza debe considerar la calidad de la evidencia digital junto con otros elementos de prueba presentados en el caso y su contribución a la resolución del mismo.

En resumen, las pruebas informáticas o digitales son un medio probatorio importante en el proceso penal, que puede proporcionar evidencia relevante y objetiva para la resolución de casos criminales. Su adecuada obtención, análisis, presentación y valoración contribuyen a garantizar la búsqueda de la verdad y la justicia en el proceso penal.

11.9.3. Pruebas de interceptación de comunicaciones.

Las pruebas de interceptación de comunicaciones, también conocidas como pruebas de escuchas telefónicas o de vigilancia electrónica, son un medio probatorio utilizado en el proceso penal para obtener evidencia sobre conversaciones privadas entre individuos sospechosos de cometer delitos. Estas pruebas implican la captura y el registro de comunicaciones verbales, ya sea a través de dispositivos telefónicos, correos electrónicos, mensajes de texto u otros medios electrónicos de comunicación.

Aquí hay algunos aspectos importantes sobre las pruebas de interceptación de comunicaciones como medio probatorio en el proceso penal:

a. **Relevancia:** Las pruebas de interceptación de comunicaciones son relevantes cuando pueden aportar información sobre la planificación, la comisión o la participación en un delito por parte de los involucrados. Estas pruebas pueden revelar conversaciones incriminatorias, la conspiración para cometer un delito, la distribución de drogas, la coordinación de actividades delictivas, entre otros.

b. **Legalidad y Autorización:** La interceptación de comunicaciones es una medida intrusiva que generalmente requiere de una autorización judicial previa y la existencia de motivos razonables para sospechar la comisión de un delito grave. Es fundamental que la interceptación se realice de acuerdo con los procedimientos establecidos por la ley y que se respeten los derechos de privacidad y debido proceso de los individuos afectados.

c. **Admisibilidad:** Las pruebas de interceptación de comunicaciones son admitidas como pruebas en el proceso penal siempre que sean obtenidas de manera legal y cumplan con los requisitos de autenticidad, integridad y fiabilidad. Es importante que se respeten los procedimientos de cadena de custodia y que las grabaciones sean presentadas de manera adecuada ante el tribunal.

d. **Credibilidad:** La credibilidad de las pruebas de interceptación de comunicaciones depende de la calidad del equipo utilizado, la claridad de las grabaciones, la identificación de las voces, la transcripción precisa de las conversaciones, y la ausencia de manipulación o edición de la evidencia. Es fundamental que las grabaciones sean auténticas y no hayan sido manipuladas para distorsionar su contenido.

e. **Contradicción y Contrapericia:** Las partes tienen derecho a cuestionar la legalidad, autenticidad, integridad y fiabilidad de las pruebas de interceptación de comunicaciones presentadas por la contraparte y a presentar contrapericias realizadas por expertos en análisis forense de audio. Esto permite al tribunal evaluar diferentes interpretaciones de la evidencia y tomar una decisión informada.

En resumen, las pruebas de interceptación de comunicaciones son un medio probatorio controvertido pero poderoso en el proceso penal, que puede proporcionar evidencia crucial para la resolución de casos criminales. Su obtención, presentación y valoración adecuadas son fundamentales para garantizar la búsqueda de la verdad y la justicia en el proceso penal.

11.10. Diligencias especiales o pericias especiales.

11.10.1. Reconocimientos.

Los reconocimientos, también conocidos como careos o confrontaciones, son considerados una diligencia especial dentro de la categoría de medios probatorios en el proceso penal. Estas diligencias tienen como objetivo confrontar a dos o más personas para confrontar sus versiones sobre los hechos del caso o para identificar a un presunto autor o testigo.

Los reconocimientos pueden tomar varias formas, como:

a. **Careos entre testigos:** Se lleva a cabo cuando dos o más testigos discrepan en sus testimonios sobre los mismos hechos. En este caso, se confrontan directamente para que expliquen sus versiones y se resuelvan las contradicciones.

b. **Careos entre testigo y acusado:** Se realiza cuando el acusado y un testigo tienen versiones divergentes sobre los hechos del caso. Esto puede ayudar a esclarecer la verdad y determinar la credibilidad de las declaraciones de ambas partes.

c. **Careos entre acusados:** Se lleva a cabo cuando hay más de un acusado en el caso y sus versiones sobre los hechos son contradictorias. Esto permite confrontar directamente las versiones de los acusados y esclarecer la verdad sobre lo ocurrido.

d. **Careos con identificación:** Se realiza cuando se necesita que una víctima o testigo identifique al presunto autor del delito. En este caso, se confronta al sospechoso con la víctima o testigo para que identifiquen si se trata de la persona que participó en el hecho delictivo.

Los reconocimientos son una herramienta importante para esclarecer los hechos del caso y determinar la credibilidad de las declaraciones de las partes involucradas. Sin embargo, es importante que se realicen de manera imparcial y respetando los derechos de las personas involucradas, garantizando así la validez y la fiabilidad de los resultados obtenidos.

11.10.2. La necropsia.

La necropsia, también conocida como autopsia o examen post mortem, es una diligencia especial que puede considerarse dentro de la categoría de medios probatorios en el proceso penal. La necropsia es un examen médico realizado por un médico forense o patólogo para determinar las causas de la muerte de una persona y recopilar información relevante para una investigación criminal.

Aquí hay algunos aspectos importantes sobre la necropsia como diligencia especial en el proceso penal:

a. **Relevancia:** La necropsia es relevante en casos de muerte violenta, sospechosa o de origen desconocido. Permite determinar las causas y circunstancias de la muerte, identificar lesiones, determinar la presencia de drogas o toxinas en el cuerpo, y recopilar evidencia médico-legal que puede ser crucial para una investigación criminal.

b. **Legalidad y Autorización:** La realización de una necropsia requiere la autorización adecuada por parte de las autoridades competentes, como un fiscal o un juez. Es fundamental que la necropsia se realice de acuerdo con los procedimientos establecidos por la ley y que se respeten los derechos de las personas fallecidas y de sus familiares.

c. **Admisibilidad:** Los hallazgos obtenidos durante la necropsia son admitidos como pruebas en el proceso penal siempre que sean realizados por un profesional médico calificado, utilizando métodos científicos y técnicas forenses adecuadas. Es importante que se documenten de manera adecuada todos los hallazgos y que se presenten de manera objetiva ante el tribunal.

d. **Credibilidad:** La credibilidad de los hallazgos de la necropsia depende de la competencia y la imparcialidad del médico forense o patólogo que la realiza, así como de la precisión y la fiabilidad de los métodos y técnicas utilizados. Es fundamental que la necropsia se realice de manera objetiva y que se documenten de manera precisa todos los hallazgos.

e. **Contradicción y Contrapericia:** Las partes tienen derecho a cuestionar los hallazgos de la necropsia presentados por la contraparte y a presentar contrapericias realizadas por otros expertos forenses. Esto permite al tribunal obtener una visión más completa y precisa de las circunstancias de la muerte y evaluar la credibilidad de la evidencia médico-legal presentada.

En resumen, la necropsia es una diligencia especial importante en el proceso penal, que proporciona información crucial para la investigación y resolución de casos criminales. Su adecuada realización, documentación y presentación contribuyen a garantizar la búsqueda de la verdad y la justicia en el proceso penal.

11.10.3. La exhumación.

La exhumación puede considerarse una diligencia especial dentro de la categoría de medios probatorios en el proceso penal. La exhumación es el acto de desenterrar y volver a examinar los restos humanos de una persona fallecida con el fin de recabar nueva información o evidencia relevante para una investigación criminal o legal.

Aquí hay algunos aspectos importantes sobre la exhumación como diligencia especial en el proceso penal:

a. **Relevancia:** La exhumación puede ser relevante en casos donde se sospecha que la causa de la muerte no ha sido determinada correctamente, se han presentado nuevas pruebas que requieren una revisión de los restos humanos, o se necesita obtener evidencia adicional para esclarecer las circunstancias de la muerte.

b. **Legalidad y Autorización:** La realización de una exhumación requiere autorización judicial o administrativa, así como el consentimiento de los familiares del fallecido, cuando corresponda. Es fundamental que la exhumación se realice de acuerdo con los procedimientos establecidos por la ley y que se respeten los derechos de las personas fallecidas y de sus familiares.

c. **Admisibilidad:** Los hallazgos obtenidos durante la exhumación, como muestras de tejido, restos óseos u otros elementos, pueden ser admitidos como pruebas en el proceso penal siempre que sean relevantes y obtenidos de acuerdo con los estándares legales y científicos aplicables.

d. **Credibilidad:** La credibilidad de los hallazgos de la exhumación depende de la competencia y la imparcialidad de los profesionales médicos o forenses que la realizan, así como de la precisión y la fiabilidad de los métodos y técnicas utilizados. Es fundamental que la exhumación se realice de manera objetiva y que se documenten de manera precisa todos los hallazgos.

e. **Contradicción y Contrapericia:** Las partes tienen derecho a cuestionar los hallazgos de la exhumación presentados por la contraparte y a presentar contrapericias realizadas por otros expertos forenses. Esto permite al tribunal obtener una visión más completa y precisa de las circunstancias de la muerte y evaluar la credibilidad de la evidencia presentada.

En resumen, la exhumación es una diligencia especial importante en el proceso penal, que puede proporcionar información crucial para la investigación y resolución de casos criminales. Su adecuada realización, documentación y presentación contribuyen a garantizar la búsqueda de la verdad y la justicia en el proceso penal.

11.11.4. La preexistencia del bien.

La "preexistencia del bien" es un término poco común en el contexto legal o forense. Sin embargo, en algunas circunstancias, podría ser relevante como parte de la evidencia en un proceso penal, aunque no se categorizaría típicamente como una diligencia especial.

La "preexistencia del bien" podría referirse a la existencia previa de un objeto, propiedad o recurso antes de que se convirtiera en objeto de disputa en un caso penal. Por ejemplo, en casos de robo, la preexistencia del bien podría ser relevante para demostrar que el objeto robado pertenecía originalmente a la víctima.

En términos de medios probatorios, la preexistencia del bien podría ser establecida mediante documentos, testimonios de testigos que conocían la propiedad previa, registros de propiedad, fotografías, vídeos u otros medios que demuestren la posesión o propiedad anterior del bien en cuestión.

En resumen, aunque la "preexistencia del bien" no se categoriza comúnmente como una diligencia especial en el proceso penal, puede ser relevante como parte de la evidencia presentada para demostrar la propiedad o posesión previa de un objeto en disputa. Su importancia radica en su capacidad para esclarecer la relación entre el bien y las partes involucradas en el caso penal.

11.11. La prueba indiciaria.

11.11.1. Conceptualización.

La prueba indiciaria, también conocida como prueba circunstancial o prueba por presunciones, se refiere a un tipo de evidencia utilizada en el proceso penal que no se basa en testimonios directos o pruebas materiales que demuestren de manera directa la comisión de un delito, sino en inferencias o conclusiones lógicas que se extraen de hechos o circunstancias conocidas como indicios.

En otras palabras, la prueba indiciaria se fundamenta en la deducción lógica de que la existencia de ciertos indicios o circunstancias sugiere la comisión de un delito por parte del acusado. Estos indicios, individualmente considerados, pueden no ser suficientes para probar la culpabilidad más allá de una duda razonable, pero en conjunto pueden generar una conclusión razonable sobre la culpabilidad del acusado.

Algunos ejemplos de indicios incluyen:

1. La presencia de la persona acusada en el lugar del delito en el momento en que ocurrió.

2. La posesión de objetos relacionados con el delito.

3. La realización de acciones que sugieren conciencia de culpabilidad, como intentar huir o destruir pruebas.

4. Testimonios de testigos que observaron comportamientos sospechosos.

5. Motivos o relaciones previas entre el acusado y la víctima.

Es importante destacar que la fuerza probatoria de la prueba indiciaria depende de la calidad y cantidad de los indicios presentados, así como de la lógica y coherencia de las inferencias que se derivan de ellos. Además, el uso de la prueba indiciaria está sujeto a la presunción de inocencia y al estándar de prueba más allá de una duda razonable, por lo que el tribunal debe evaluar cuidadosamente la validez y la fiabilidad de esta evidencia antes de llegar a una conclusión sobre la culpabilidad del acusado.

11.11.2. Validez probatorios de los indicios.

La validez probatoria de los indicios en el proceso penal depende de varios factores que afectan la fuerza y la credibilidad de la evidencia presentada. Algunos de estos factores incluyen:

a. **Relación con el hecho en cuestión:** Los indicios deben estar directamente relacionados con el hecho que se está tratando de probar. Cuanto más estrecha sea la relación entre los indicios y el hecho en cuestión, mayor será su validez probatoria.

b. **Coherencia y consistencia:** Los indicios deben ser coherentes entre sí y con otras pruebas presentadas en el caso. La falta de coherencia o inconsistencia en los indicios puede afectar negativamente su validez probatoria.

c. **Plausibilidad:** Los indicios deben ser plausibles y lógicamente conectados al hecho que se está tratando de probar. Se espera que las inferencias derivadas de los indicios sean razonables y estén respaldadas por la lógica y la experiencia común.

d. **Cantidad y calidad:** La cantidad y calidad de los indicios presentados también influyen en su validez probatoria. Cuantos más indicios relevantes y sólidos se presenten, mayor será la validez de la inferencia que se pueda extraer de ellos.

e. **Independencia:** Es importante que los indicios sean independientes entre sí y no estén contaminados por sesgos o intereses externos. Los indicios independientes tienden a fortalecer la validez probatoria, mientras que la dependencia o la conexión indebida pueden socavarla.

f. **Posibilidad de otras explicaciones:** Se debe considerar si los indicios presentados pueden ser explicados de manera alternativa por factores que no están relacionados con el hecho en cuestión. Si hay otras explicaciones plausibles para los indicios, esto puede debilitar su validez probatoria.

En resumen, la validez probatoria de los indicios en el proceso penal se evalúa en función de su relevancia, coherencia, plausibilidad, cantidad, calidad, independencia y la posibilidad de otras explicaciones alternativas. Es responsabilidad del tribunal analizar cuidadosamente estos factores al evaluar la fuerza y credibilidad de la evidencia indiciaria presentada en el caso.

11.11.3. Conexión de los indicios.

la conexión de los indicios es un presupuesto fundamental para la prueba indiciaria en el proceso penal. La conexión se refiere a la relación lógica y coherente entre los diferentes indicios presentados como evidencia. Estos indicios deben estar interrelacionados de manera que, cuando se consideren en conjunto, conduzcan a una inferencia razonable sobre el hecho en cuestión, como la culpabilidad del acusado.

La conexión de los indicios implica que cada indicio individualmente considerado puede ser relevante pero, en conjunto, deben apoyar una conclusión lógica sobre la culpabilidad del acusado. Es decir, los indicios deben enlazarse entre sí de manera que refuercen y apoyen mutuamente la inferencia que se extrae de ellos.

Para establecer la conexión de los indicios, se deben tener en cuenta varios aspectos:

1. **Relevancia:** Cada indicio debe estar directamente relacionado con el hecho que se está tratando de probar. Deben tener una conexión lógica y significativa con el evento delictivo en cuestión.

2. **Coherencia:** Los indicios deben ser coherentes entre sí y con otras pruebas presentadas en el caso. No deben contradecirse o generar confusión, sino que

deben formar una narrativa coherente que respalde la inferencia deseada.

3. **Consistencia:** Los indicios deben ser consistentes con la teoría de la culpabilidad propuesta por la parte acusadora. No deben haber discrepancias significativas que puedan socavar la validez de la inferencia que se extrae de ellos.

4. **Complementariedad:** Los indicios deben complementarse entre sí, de modo que cada uno aporte una pieza importante al rompecabezas de la culpabilidad del acusado. Juntos, deben formar una imagen clara y completa de los hechos.

5. **Ausencia de alternativas plausibles:** La conexión de los indicios se fortalece cuando se descartan otras explicaciones plausibles para los hechos observados. Se debe demostrar que la inferencia de culpabilidad es la explicación más probable y razonable dadas las circunstancias.

En resumen, la conexión de los indicios es esencial para la validez de la prueba indiciaria en el proceso penal. Esta conexión proporciona la base lógica sobre la cual se construye la inferencia de culpabilidad y es fundamental para que la evidencia indiciaria sea convincente y persuasiva ante el tribunal.

11.11.4. Formación de la prueba penal a través de los indicios.

La formación de la prueba penal a través de los indicios es un proceso en el cual se establece la culpabilidad o inocencia de una persona acusada de cometer un delito mediante la evaluación y conexión de una serie de indicios o circunstancias relevantes. A diferencia de la prueba directa, que consiste en evidencia tangible o testimonios presenciales que directamente demuestran la comisión del delito, la prueba formada por indicios se basa en inferencias lógicas y razonables derivadas de hechos o circunstancias conocidas como indicios.

Este proceso se lleva a cabo de la siguiente manera:

a. **Identificación de los indicios:** Se identifican y recopilan los indicios relevantes que pueden tener relación con el delito en cuestión. Estos indicios pueden incluir la presencia en el lugar del delito, la posesión de objetos relacionados, la realización de acciones sospechosas, entre otros.

b. **Evaluación individual de los indicios:** Cada indicio se evalúa individualmente para determinar su relevancia y credibilidad. Se considera si el indicio es coherente, consistente y plausible en relación con el hecho que se está tratando de probar.

c. **Conexión de los indicios:** Se establece una conexión lógica y coherente entre los diferentes indicios recopilados. Se busca identificar cómo estos indicios se relacionan entre sí y apoyan una conclusión razonable sobre la culpabilidad o inocencia del acusado.

d. **Formulación de la inferencia:** Se formula una inferencia razonable sobre la culpabilidad o inocencia del acusado basada en la conexión de los indicios. Esta inferencia se sustenta en la lógica y la coherencia de los indicios presentados, así como en la ausencia de explicaciones alternativas plausibles.

e. **Presentación ante el tribunal:** La evidencia formada por indicios se presenta ante el tribunal durante el juicio penal. Se argumenta y se defiende la inferencia derivada de los indicios presentados, mostrando cómo estos indicios, en conjunto, respaldan la culpabilidad del acusado más allá de una duda razonable.

f. **Evaluación por parte del tribunal:** El tribunal evalúa la validez y la fuerza de la evidencia formada por indicios presentada por ambas partes. Se considera la conexión lógica de los indicios, la consistencia y coherencia de la inferencia formulada, y se determina si la prueba es suficiente para establecer la culpabilidad del acusado más allá de una duda razonable.

En resumen, la formación de la prueba penal a través de los indicios implica la recopilación, evaluación, conexión y presentación de una serie de circunstancias relevantes que, en conjunto, permiten inferir la culpabilidad o inocencia del acusado en un proceso penal.

11.12. Valoración de la prueba penal.

La valoración de la prueba penal es un proceso crucial en el sistema judicial donde se evalúa la credibilidad, relevancia y fuerza probatoria de la evidencia presentada durante un juicio penal. Esta valoración se realiza por parte del juez o el jurado, según el sistema judicial del país, y tiene como objetivo determinar la verdad de los hechos en disputa y la culpabilidad o inocencia del acusado.

Aquí hay algunos aspectos clave involucrados en la valoración de la prueba penal:

a. **Credibilidad de los testigos:** Se evalúa la credibilidad de los testigos que han proporcionado testimonios durante el juicio. Se considera su capacidad para percibir y recordar los eventos, su sinceridad y coherencia en sus declaraciones, así como cualquier posible motivo o sesgo que puedan tener.

b. **Fiabilidad de la evidencia física:** Se analiza la fiabilidad de la evidencia física presentada en el juicio, como documentos, objetos, registros, muestras forenses, entre otros. Se considera la cadena de custodia, la integridad y la autenticidad de la evidencia, así como cualquier posible contaminación o manipulación.

c. **Consistencia y coherencia:** Se evalúa la consistencia y coherencia de la evidencia presentada en el caso. Se busca verificar que no haya contradicciones significativas entre los diferentes testimonios, declaraciones o pruebas presentadas por las partes.

d. **Corroboración de los indicios:** Se verifica si los indicios presentados por una parte se corroboran con otros elementos de prueba o con la versión de los hechos presentada por la otra parte. La presencia de múltiples pruebas que respalden una misma conclusión aumenta su fuerza probatoria.

e. **Evaluación de la motivación y el interés:** Se considera cualquier posible motivación o interés detrás de las declaraciones de los testigos, así como la posible parcialidad o falta de imparcialidad en la presentación de la evidencia por parte de las partes involucradas en el caso.

f. **Aplicación de estándares legales:** Se aplica el estándar de prueba requerido por la ley, que puede variar según el tipo de juicio penal y el sistema judicial del país. En muchos casos, se requiere que la evidencia pruebe la culpabilidad del acusado más allá de una duda razonable.

En resumen, la valoración de la prueba penal implica un análisis meticuloso y objetivo de toda la evidencia presentada en el juicio, con el fin de determinar la verdad de los hechos y llegar a una decisión justa y equitativa sobre la culpabilidad o inocencia del acusado.

11.13. Impugnación de la prueba penal.

La impugnación de la prueba penal se refiere al proceso mediante el cual las partes en un juicio penal cuestionan la validez, la credibilidad o la admisibilidad de la evidencia presentada por la otra parte. Este proceso es fundamental para garantizar que solo se admita y se considere la evidencia que cumple con los estándares legales y que es relevante y confiable para determinar la verdad de los hechos en disputa.

Aquí están algunos de los principales métodos de impugnación de la prueba penal:

a. **Objeciones durante el juicio:** Durante el curso del juicio, las partes pueden objetar la admisión de ciertas pruebas presentadas por la otra parte. Estas objeciones pueden basarse en diversas razones, como falta de relevancia, violación de reglas de procedimiento, falta de autenticidad de la evidencia, entre otros.

b. **Cuestionamiento de la credibilidad de los testigos:** Las partes tienen el derecho de cuestionar la credibilidad de los testigos presentados por la otra parte. Esto puede implicar realizar preguntas durante el interrogatorio cruzado para resaltar inconsistencias en los testimonios, motivaciones ocultas o posibles prejuicios que podrían afectar la fiabilidad de la evidencia presentada.

c. **Presentación de pruebas contradictorias:** Una forma común de impugnar la prueba presentada por la otra parte es presentar pruebas contradictorias que refuten o pongan en duda la validez de la evidencia presentada. Esto puede incluir testimonios de testigos, evidencia física o documentos que contradigan los hechos afirmados por la parte contraria.

d. **Argumentación legal:** Las partes pueden impugnar la prueba presentada por la otra parte mediante argumentos legales basados en las leyes y regulaciones aplicables. Esto puede implicar argumentar que la prueba no cumple con los requisitos legales para su admisibilidad, como la cadena de custodia adecuada para la evidencia física o la obtención ilegal de pruebas.

e. **Apelación:** En caso de que una parte considere que se ha admitido indebidamente cierta prueba o que se ha cometido un error legal durante el juicio que afecta la valoración de la evidencia, puede impugnar la decisión del tribunal presentando una apelación ante una instancia judicial superior.

En resumen, la impugnación de la prueba penal es un aspecto fundamental del proceso judicial que permite a las partes cuestionar la validez y la credibilidad de la evidencia presentada por la otra parte y garantizar que solo se considere la prueba que cumple con los estándares legales y que es relevante para determinar la verdad de los hechos en disputa.

CAPÍTULO XII

LAS MEDIDAS COERCITIVAS EN EL PROCESO PENAL

12.1. Conceptualización.

Las medidas coercitivas en el proceso penal son disposiciones legales que tienen como objetivo principal garantizar la efectividad del proceso, la comparecencia del acusado y la seguridad del orden público. Estas medidas se aplican cuando existe un riesgo significativo de que el acusado eluda la acción de la justicia, obstaculice el desarrollo del proceso o cometa nuevos delitos. Su imposición puede variar dependiendo del sistema legal de cada país, pero comúnmente incluyen acciones como la prisión preventiva, la prohibición de salir del país, el arresto domiciliario, la obligación de presentarse periódicamente ante las autoridades judiciales, entre otras.

Las medidas coercitivas se fundamentan en la necesidad de equilibrar los derechos del acusado con los intereses de la sociedad en la persecución de los delitos. Por lo tanto, su aplicación está sujeta a principios jurídicos fundamentales como la presunción de inocencia, el derecho a un juicio justo, la proporcionalidad y la necesidad. Además, su imposición debe ser proporcionada al grado de riesgo que representa el acusado y debe respetar sus derechos humanos y garantías procesales.

En resumen, las medidas coercitivas en el proceso penal son herramientas legales que se utilizan para garantizar la efectividad del proceso, la comparecencia del acusado y la protección de la sociedad, equilibrando los derechos individuales con los intereses de la justicia y el orden público. Su aplicación debe realizarse de manera proporcionada, respetando siempre los principios y derechos fundamentales establecidos por la ley.

12.2. Naturaleza jurídica.

La naturaleza jurídica de las medidas coercitivas en el proceso penal es una cuestión compleja y puede variar según el sistema legal de cada país. Sin embargo, en general, estas medidas se consideran como una manifestación del poder estatal para mantener el orden público, garantizar la efectividad del proceso penal y proteger los derechos de las partes involucradas.

Las medidas coercitivas suelen estar fundamentadas en principios como la presunción de inocencia, el derecho a un juicio justo y el principio de proporcionalidad. Se aplican con el objetivo de equilibrar los intereses del Estado en la persecución de los delitos con los derechos fundamentales del acusado, asegurando al mismo tiempo que el proceso penal se desarrolle de manera justa y eficiente.

Desde el punto de vista jurídico, las medidas coercitivas pueden tener diferentes fundamentos legales, como disposiciones constitucionales, leyes procesales penales y jurisprudencia. Por ejemplo, en muchos sistemas legales, la prisión preventiva está regulada por leyes procesales penales que establecen las condiciones y los límites para su aplicación, así como los derechos del acusado durante su ejecución.

En resumen, la naturaleza jurídica de las medidas coercitivas en el proceso penal radica en su función como herramientas legales para asegurar la comparecencia del acusado, proteger la integridad del proceso penal y garantizar el cumplimiento de las decisiones judiciales. Su aplicación está sujeta a los principios fundamentales del derecho penal y procesal penal, así como a las normas y procedimientos establecidos por la ley.

12.3. Tipos de medidas coercitivas.

Las medidas coercitivas en el proceso penal pueden variar según el sistema legal de cada país, pero generalmente incluyen una serie de opciones que buscan asegurar la comparecencia del acusado y la efectividad del proceso. Algunos de los tipos comunes de medidas coercitivas son:

a. **Prisión preventiva:** Es la privación de libertad del acusado antes de la celebración del juicio o durante el proceso penal. Se aplica cuando existen razones para creer que el acusado puede eludir la acción de la justicia, obstaculizar la investigación o representar un riesgo para la sociedad.

b. **Prohibición de salir del país:** Se impide al acusado abandonar el país o se le retiran sus documentos de viaje para evitar que pueda escapar de la jurisdicción del tribunal.

c. **Arresto domiciliario:** El acusado debe permanecer en su domicilio durante ciertas horas del día o en todo momento, con vigilancia electrónica en algunos casos, como alternativa a la prisión preventiva.

d. **Obligación de presentarse periódicamente ante las autoridades:** El acusado debe comparecer regularmente ante las autoridades judiciales para informar sobre su situación y evitar su ausencia.

e. **Fianza:** El acusado puede ser liberado bajo fianza, bajo la condición de que pague una suma de dinero como garantía de su comparecencia ante el tribunal en fechas posteriores.

f. **Prohibición de comunicarse con determinadas personas:** Se puede ordenar al acusado que no se comunique con ciertas personas involucradas en el caso, como víctimas o testigos, para evitar la obstrucción del proceso.

g. **Inmovilización de bienes:** Se pueden inmovilizar los bienes del acusado como garantía de su comparecencia ante el tribunal o para asegurar el pago de posibles multas o indemnizaciones.

Estos son algunos ejemplos de medidas coercitivas que pueden aplicarse en el proceso penal para asegurar la comparecencia del acusado y la efectividad del proceso. La elección de la medida adecuada depende de las circunstancias específicas de cada caso y debe realizarse de acuerdo con los principios legales y los derechos fundamentales del acusado.

12.4. Procedimiento para la aplicación de las medidas coercitivas.

El procedimiento para la aplicación de medidas coercitivas en el proceso penal puede variar según el sistema legal de cada país, pero generalmente sigue un conjunto de pasos comunes. Aquí se describe un procedimiento básico que puede ser aplicado en muchos sistemas jurídicos:

a. **Solicitud de imposición de medidas coercitivas:** Por lo general, la solicitud para imponer una medida coercitiva es presentada por el Ministerio Público, el querellante o la parte afectada, ante el juez competente. Esta solicitud debe incluir los fundamentos jurídicos y fácticos que justifiquen la necesidad de la medida.

b. **Audiencia:** El juez convoca a una audiencia en la cual se escuchan los argumentos de las partes involucradas, se presenta la evidencia pertinente y se evalúa la necesidad y proporcionalidad de la medida solicitada. Durante la audiencia, el acusado tiene la oportunidad de defenderse y presentar argumentos en contra de la imposición de la medida coercitiva.

c. **Decisión judicial:** Una vez escuchadas las partes y evaluada la evidencia, el juez emite una decisión sobre la solicitud de imposición de la medida coercitiva. Esta decisión puede consistir en la imposición de la medida solicitada, su modificación o su rechazo. El juez debe fundamentar su decisión en base a los principios legales y los derechos fundamentales involucrados en el caso.

d. **Notificación:** Una vez que se emite la decisión judicial, se notifica a las partes involucradas, incluyendo al acusado y a su defensa, sobre la medida coercitiva impuesta y los términos de su cumplimiento.

e. **Cumplimiento de la medida:** El acusado debe cumplir con los términos de la medida coercitiva impuesta por el juez, bajo pena de sanciones adicionales en caso de incumplimiento.

Es importante destacar que el procedimiento para la aplicación de medidas coercitivas debe cumplir con los principios de legalidad, debido proceso y protección de los derechos fundamentales del acusado. Además, las medidas coercitivas deben ser proporcionadas al grado de riesgo que representa el acusado y deben estar sujetas a revisión periódica por parte del juez para garantizar su necesidad y proporcionalidad a lo largo del proceso penal.

12.5. Control judicial.

El control judicial de las medidas coercitivas en el proceso penal es un aspecto fundamental para garantizar que dichas medidas se apliquen de manera justa, proporcional y conforme a los principios del Estado de Derecho. Este control se lleva a cabo a través de varios mecanismos:

a. **Revisión periódica:** El juez que impone la medida coercitiva tiene la responsabilidad de revisar periódicamente su necesidad y proporcionalidad. Esto implica evaluar si las circunstancias que justificaron la imposición de la medida aún existen y si la medida sigue siendo necesaria para cumplir sus objetivos.

b. **Recursos judiciales:** Las partes afectadas por una medida coercitiva tienen el derecho de impugnar dicha medida a través de recursos judiciales, como la apelación o el recurso de amparo. Estos recursos permiten que una instancia judicial superior revise la decisión del juez y determine si se ajusta a derecho.

c. **Audiencias de revisión:** En algunos casos, especialmente en medidas coercitivas prolongadas como la prisión preventiva, se pueden programar audiencias específicas para revisar la situación del acusado y la necesidad de mantener la medida vigente. Durante estas audiencias, el juez escucha los argumentos de las partes y decide si la medida debe ser modificada, revocada o mantenida.

d. **Supervisión judicial:** El juez encargado del caso tiene la responsabilidad de supervisar el cumplimiento de la medida coercitiva y tomar medidas adicionales en caso de que se presenten irregularidades o abusos en su aplicación. Esto puede implicar ordenar la liberación del acusado si se determina que la medida fue impuesta de manera indebida o desproporcionada.

En resumen, el control judicial de las medidas coercitivas en el proceso penal es esencial para proteger los derechos fundamentales del acusado y garantizar que el proceso se desarrolle de manera justa y equitativa. Este control se realiza a través de una combinación de revisión periódica, recursos judiciales, audiencias de revisión y supervisión judicial, con el objetivo de garantizar que las medidas coercitivas sean proporcionadas, necesarias y respetuosas de los derechos humanos.

12.6. Limitaciones y garantías.

Las medidas coercitivas en el proceso penal pueden ser necesarias para asegurar la efectividad del proceso y proteger los intereses de la justicia, pero también deben estar sujetas a ciertas limitaciones y garantías para proteger los derechos fundamentales de los acusados. Algunas de estas limitaciones y garantías son:

a. **Legalidad:** Las medidas coercitivas deben estar establecidas por la ley y solo pueden ser impuestas por autoridades judiciales competentes. Esto garantiza que las medidas estén fundamentadas en normas jurídicas claras y preestablecidas, evitando así decisiones arbitrarias o injustificadas.

b. **Proporcionalidad:** Las medidas coercitivas deben ser proporcionadas al grado de riesgo que representa el acusado y a la gravedad del delito imputado. Esto implica que la medida elegida debe ser la menos restrictiva posible para alcanzar los objetivos del proceso penal, evitando así medidas excesivas o desproporcionadas.

c. **Necesidad:** Las medidas coercitivas deben ser necesarias para alcanzar los objetivos del proceso penal. Esto implica que debe existir una justificación razonable y suficiente para imponer la medida, basada en la evaluación de los riesgos y circunstancias específicas del caso.

d. **Derecho a la defensa:** Los acusados tienen derecho a ser informados de las medidas coercitivas en su contra y a ser escuchados en el proceso de imposición de dichas medidas. También tienen derecho a contar con asistencia letrada durante todo el proceso para asegurar que sus intereses sean debidamente representados.

e. **Revisión judicial:** Las medidas coercitivas están sujetas a revisión por parte de autoridades judiciales competentes para garantizar su legalidad, necesidad y proporcionalidad. Esto implica que los acusados tienen derecho a impugnar las medidas coercitivas a través de recursos judiciales y a solicitar su revisión periódica.

f. **Duración limitada:** Las medidas coercitivas deben tener una duración limitada y estar sujetas a revisión periódica para evaluar su necesidad y proporcionalidad. Esto evita que las medidas se prolonguen indefinidamente y garantiza que solo se mantengan mientras sean necesarias y justificadas.

En resumen, las medidas coercitivas en el proceso penal están sujetas a una serie de limitaciones y garantías que buscan proteger los derechos fundamentales de los acusados y asegurar que su imposición sea justa, proporcional y conforme a la ley. Estas limitaciones y garantías son fundamentales para garantizar un proceso penal equitativo y respetuoso de los derechos humanos.

CAPÍTULO XIII

LOS MEDIOS IMPUGNATORIOS

13.1. Conceptualización.

Los medios impugnatorios en el proceso penal se refieren a los recursos o herramientas legales disponibles para impugnar decisiones judiciales, actos procesales o cualquier otro aspecto del proceso que se considere incorrecto, injusto o contrario a la ley. Estos medios permiten a las partes afectadas por una decisión judicial solicitar su revisión por parte de una autoridad judicial superior, con el objetivo de corregir posibles errores o injusticias y garantizar la protección de sus derechos procesales.

Los medios impugnatorios son parte esencial del sistema de justicia penal y contribuyen a garantizar la efectividad del debido proceso y la protección de los derechos de todas las partes involucradas en el proceso penal. Algunos ejemplos comunes de medios impugnatorios en el proceso penal incluyen el recurso de apelación, el recurso de casación, el recurso de revisión, el recurso de amparo, entre otros, dependiendo del sistema legal de cada país.

En resumen, los medios impugnatorios en el proceso penal son mecanismos legales que permiten a las partes afectadas impugnar decisiones judiciales o actos procesales que consideran incorrectos o injustos, con el fin de obtener su revisión por parte de una autoridad judicial superior y garantizar la protección de sus derechos procesales.

13.2. Causas de la impugnación: vicios in procedendo, vicios in iudicando y vicios in cogitando.

Las causas de impugnación en el proceso penal se pueden clasificar en tres categorías principales: vicios in procedendo, vicios in iudicando y vicios in cogitando. Estas categorías se refieren a diferentes tipos de irregularidades o errores que pueden ocurrir durante el proceso penal y que pueden dar lugar a la impugnación de una decisión judicial. Aquí te explico cada una de ellas:

a. **Vicios in procedendo:** Estos vicios se refieren a irregularidades en el procedimiento o trámite del proceso penal. Pueden incluir, por ejemplo, violaciones al debido proceso, errores en la notificación de las partes, omisiones en la práctica de pruebas, o cualquier otro incumplimiento de las normas procesales que pueda afectar la validez de la decisión judicial. La impugnación por vicios in procedendo busca corregir estas irregularidades y garantizar que el proceso se lleve a cabo de acuerdo con las normas y garantías establecidas por la ley.

b. **Vicios in iudicando:** Estos vicios se refieren a errores en el juicio o valoración de las pruebas por parte del juez. Pueden incluir, por ejemplo, interpretaciones erróneas de la ley, apreciaciones injustificadas de la prueba, omisiones en la valoración de ciertos elementos probatorios, o cualquier otro error en la aplicación del derecho o en la fundamentación de la decisión judicial. La impugnación por vicios in iudicando busca corregir estos errores y obtener una nueva valoración de los hechos y pruebas por parte de una autoridad judicial superior.

c. **Vicios in cogitando:** Estos vicios se refieren a prejuicios, parcialidades o arbitrariedades por parte del juez en la formación de su convicción o en la adopción de la decisión judicial. Pueden incluir, por ejemplo, decisiones basadas en consideraciones personales, influencias externas o intereses indebidos, que afecten la imparcialidad y objetividad del juez en el proceso penal. La impugnación por vicios in cogitando busca cuestionar la imparcialidad del juez y obtener una revisión imparcial y objetiva de la decisión judicial por parte de una instancia superior.

En resumen, las causas de impugnación en el proceso penal pueden derivarse de vicios in procedendo (irregularidades en el procedimiento), vicios in iudicando (errores en el juicio o valoración de pruebas) y vicios in cogitando (prejuicios o parcialidades del juez). La impugnación busca corregir estos errores o irregularidades y garantizar la legalidad, imparcialidad y justicia del proceso penal.

13.3. Clasificación de los medios impugnatorios.

Los medios impugnatorios en el proceso penal pueden clasificarse de diversas maneras, según diferentes criterios. Aquí te presento una clasificación común:

a. **Según su naturaleza:**

- **Recursos ordinarios:** Son aquellos recursos que están disponibles en todas las etapas del proceso penal y que permiten impugnar las decisiones judiciales que se consideran incorrectas o injustas. Ejemplos de recursos ordinarios son la apelación y el recurso de casación.

- **Recursos extraordinarios:** Son recursos que se utilizan en circunstancias especiales y que permiten impugnar decisiones judiciales en casos excepcionales. Ejemplos de recursos extraordinarios son el recurso de revisión y el recurso de amparo.

b. **Según la etapa procesal en que se presentan:**

- **Recursos durante la fase de instrucción:** Son aquellos recursos que se presentan durante la fase de investigación o instrucción del proceso penal, antes de la etapa de juicio oral. Ejemplos de recursos en esta etapa son el recurso de queja y el recurso de reposición.

- **Recursos durante la fase de juicio oral:** Son aquellos recursos que se presentan durante la etapa de juicio oral del proceso penal, cuando se están discutiendo los hechos ante el tribunal. Ejemplos de recursos en esta etapa son la recusación y la nulidad procesal.

- **Recursos después de la sentencia:** Son aquellos recursos que se presentan después de que se dicta la sentencia en el proceso penal, con el objetivo de impugnarla o solicitar su revisión. Ejemplos de recursos en esta etapa son la apelación y el recurso de casación.

c. **Según su objeto:**

- **Recursos contra decisiones interlocutorias:** Son recursos que se utilizan para impugnar decisiones judiciales que no ponen fin al proceso, como resoluciones interlocutorias o incidentales. Ejemplos de recursos contra decisiones interlocutorias son el recurso de reposición y el recurso de apelación.

- **Recursos contra la sentencia:** Son recursos que se utilizan para impugnar la sentencia dictada por el tribunal al final del proceso penal. Ejemplos de recursos contra la sentencia son la apelación y el recurso de casación.

Esta clasificación puede variar según el sistema legal de cada país y la legislación procesal penal aplicable. Sin embargo, proporciona una visión general de cómo se pueden categorizar los medios impugnatorios en el proceso penal.

13.4. Recursos contra decisiones interlocutorias.

En el proceso penal, las decisiones interlocutorias son aquellas que se dictan durante el curso del procedimiento y que no ponen fin al proceso, es decir, no resuelven el fondo del asunto. Estas decisiones pueden referirse a cuestiones procesales, como admisión de pruebas, medidas cautelares, incidentes procesales, entre otros aspectos.

Existen diversos recursos que pueden utilizarse para impugnar decisiones interlocutorias en el proceso penal, entre ellos:

1. **Recurso de reposición:** Como se mencionó anteriormente, el recurso de reposición se presenta ante el mismo tribunal que dictó la decisión impugnada y tiene como finalidad que el tribunal reconsidere su decisión. Este recurso es útil cuando se considera que la decisión interlocutoria contiene errores que pueden ser subsanados sin necesidad de acudir a una instancia superior.

2. **Recurso de apelación:** El recurso de apelación se interpone ante un tribunal superior al que dictó la decisión interlocutoria y tiene como finalidad que dicho tribunal revise la decisión impugnada. Este recurso permite una revisión más amplia de la decisión, tanto en términos de su legalidad como de su fundamentación.

3. **Recurso de queja:** En algunos sistemas jurídicos, existe el recurso de queja, que se utiliza para impugnar decisiones interlocutorias que se consideran contrarias a la ley o que causan agravio a alguna de las partes. Este recurso se presenta ante un tribunal superior y puede ser utilizado cuando no existe otro recurso específico disponible.

4. **Recurso de amparo:** En casos excepcionales en los que se considera que una decisión interlocutoria vulnera derechos fundamentales, las partes pueden recurrir al recurso de

amparo o protección constitucional. Este recurso se presenta ante un tribunal constitucional o una autoridad competente para que se pronuncie sobre la presunta violación de derechos fundamentales.

Estos son algunos de los recursos más comunes que pueden utilizarse para impugnar decisiones interlocutorias en el proceso penal. La elección del recurso adecuado dependerá de la naturaleza y las circunstancias específicas de cada caso, así como de las normas procesales vigentes en el sistema jurídico correspondiente.

13.5. Recursos contra la sentencia.

En el proceso penal, la sentencia es la decisión final del tribunal que resuelve el fondo del asunto y determina la responsabilidad o inocencia del acusado, así como la imposición de las sanciones correspondientes en caso de ser declarado culpable. Para impugnar una sentencia, existen varios recursos disponibles, entre ellos:

1. **Recurso de apelación:** El recurso de apelación es el medio más común para impugnar una sentencia en el proceso penal. Este recurso permite a las partes afectadas presentar su caso ante un tribunal superior al que dictó la sentencia, solicitando una revisión de la misma. La apelación puede basarse en errores de hecho o de derecho que se hayan cometido en la sentencia, así como en la solicitud de una nueva valoración de las pruebas.

2. **Recurso de casación:** El recurso de casación es un recurso extraordinario que se interpone ante una instancia superior al tribunal que dictó la sentencia, generalmente una corte de casación o un tribunal supremo. Este recurso se basa en la existencia de errores de derecho en la sentencia, como la violación de normas legales o la interpretación errónea de la ley. La casación se centra en cuestiones de legalidad y no en la valoración de las pruebas.

3. **Recurso de revisión:** El recurso de revisión es otro recurso extraordinario que se utiliza para impugnar una sentencia firme en casos excepcionales, como la aparición de nuevas pruebas relevantes que no estaban disponibles en el momento del juicio o la existencia de graves irregularidades procesales que afectaron el resultado del proceso. Este recurso se presenta ante el mismo tribunal que dictó la sentencia y requiere fundamentación sólida y pruebas contundentes.

4. **Recurso de amparo:** En casos en los que se considera que una sentencia viola derechos fundamentales protegidos por la Constitución o tratados internacionales, las partes afectadas pueden recurrir al recurso de amparo o protección constitucional. Este recurso se interpone ante un tribunal constitucional o una autoridad competente para que se pronuncie sobre la presunta vulneración de derechos fundamentales.

Estos son algunos de los recursos más comunes que pueden utilizarse para impugnar una sentencia en el proceso penal. La elección del recurso adecuado dependerá de la naturaleza y las circunstancias específicas de cada caso, así como de las normas procesales vigentes en el sistema jurídico correspondiente.

13.6. Procedimiento de interposición de los medios impugnatorios.

El procedimiento de interposición de los medios impugnatorios en el proceso penal puede variar según el sistema legal de cada país y las normativas procesales específicas. Sin embargo, a grandes rasgos, el procedimiento suele seguir una serie de pasos generales:

a. **Identificación del medio impugnatorio adecuado:** La parte interesada debe identificar el medio impugnatorio adecuado según la naturaleza de la decisión que se pretende impugnar (por ejemplo, apelación, casación, revisión, entre otros).

b. **Plazo para interponer el recurso:** Es fundamental respetar los plazos establecidos por la ley para la interposición del recurso. Estos plazos suelen ser breves y comienzan a contar desde la notificación de la resolución que se pretende impugnar.

c. **Escrito de interposición:** La parte interesada debe redactar un escrito de interposición del recurso, en el cual se exponen los motivos y fundamentos de la impugnación. En este escrito, se deben detallar los errores de hecho o de derecho que se consideran presentes en la decisión impugnada.

d. **Presentación ante el tribunal competente:** El escrito de interposición del recurso debe presentarse ante el tribunal competente, respetando las formalidades establecidas por la ley. En algunos casos, puede ser necesario realizar el pago de una tasa judicial o adjuntar documentos adicionales al escrito de interposición.

e. **Admisión del recurso:** Una vez presentado el recurso, el tribunal debe examinar si cumple con los requisitos formales y de fondo para su admisión. Si el recurso es admitido, se procede a su tramitación y resolución conforme a los procedimientos establecidos por la ley.

f. **Tramitación del recurso:** Durante la tramitación del recurso, las partes pueden presentar alegatos, pruebas u otros escritos que consideren pertinentes para fundamentar sus argumentos. El tribunal puede también solicitar informes o realizar audiencias para esclarecer los puntos en controversia.

g. **Resolución del recurso:** Una vez concluida la tramitación del recurso, el tribunal emite una resolución en la que se pronuncia sobre la impugnación presentada. Esta resolución puede confirmar, modificar o revocar la decisión impugnada, según corresponda.

Es importante destacar que este es solo un esquema general del procedimiento de interposición de medios impugnatorios en el proceso penal y que pueden existir variaciones dependiendo del sistema legal y las normativas procesales de cada país. Por ello, es fundamental consultar la legislación y jurisprudencia aplicable en cada caso específico.

13.7. Consecuencia de los medios impugnatorios.

Las consecuencias de los medios impugnatorios en el proceso penal pueden variar dependiendo del resultado de la impugnación y de la naturaleza del recurso utilizado. Algunas de las posibles consecuencias son las siguientes:

a. **Revocación total o parcial:** Si el tribunal superior estima la impugnación y encuentra que la decisión impugnada es incorrecta o injusta, puede revocar total o parcialmente la decisión impugnada. Esto significa que la sentencia o resolución impugnada dejará de tener efecto en la medida en que se haya revocado.

b. **Confirmación:** Si el tribunal superior considera que la decisión impugnada es correcta y está conforme a la ley, puede confirmarla en todos sus términos. En este caso, la sentencia o resolución impugnada se mantiene vigente y produce todos sus efectos legales.

c. **Modificación:** En algunos casos, el tribunal superior puede modificar la decisión impugnada, ya sea para corregir errores de hecho o de derecho o para ajustarla a la normativa legal aplicable. La modificación puede afectar aspectos específicos de la sentencia o resolución impugnada, sin necesidad de revocarla en su totalidad.

213

d. **Nulidad:** Si se constata la existencia de vicios procesales graves o violaciones de derechos fundamentales en la decisión impugnada, el tribunal superior puede declarar su nulidad absoluta o parcial. En este caso, la sentencia o resolución impugnada se considera inválida y se procede a dictar una nueva decisión que subsane los defectos identificados.

e. **Retorno al tribunal de origen:** En algunos sistemas jurídicos, si el tribunal superior estima la impugnación y revoca la decisión impugnada, el caso puede retornar al tribunal de origen para que este dicte una nueva resolución conforme a los términos de la decisión del tribunal superior.

Estas son algunas de las principales consecuencias que pueden derivarse de los medios impugnatorios en el proceso penal. Es importante tener en cuenta que el resultado de la impugnación dependerá de los argumentos presentados, las pruebas aportadas y la valoración realizada por el tribunal competente.